Ulrich E. Stempel

Gartenteiche
planen, anlegen und pflegen

Ulrich E. Stempel

Gartenteiche
planen, anlegen und pflegen

Leicht gemacht, Geld und Ärger gespart!

Mit 96 farbigen Abbildungen

Bibliografische Information der Deutschen Bibliothek

Die Deutsche Bibliothek verzeichnet diese Publikation in der Deutschen Nationalbibliografie;
detaillierte Daten sind im Internet über **http://dnb.ddb.de** abrufbar.

Hinweis

Alle Angaben in diesem Buch wurden vom Autor mit größter Sorgfalt erarbeitet bzw. zusammengestellt und unter Einschaltung wirksamer Kontrollmaßnahmen reproduziert. Trotzdem sind Fehler nicht ganz auszuschließen. Der Verlag und der Autor sehen sich deshalb gezwungen, darauf hinzuweisen, dass sie weder eine Garantie noch die juristische Verantwortung oder irgendeine Haftung für Folgen, die auf fehlerhafte Angaben zurückgehen, übernehmen können. Für die Mitteilung etwaiger Fehler sind Verlag und Autor jederzeit dankbar. Internetadressen oder Versionsnummern stellen den bei Redaktionsschluss verfügbaren Informationsstand dar. Verlag und Autor übernehmen keinerlei Verantwortung oder Haftung für Veränderungen, die sich aus nicht von ihnen zu vertretenden Umständen ergeben. Evtl. beigefügte oder zum Download angebotene Dateien und Informationen dienen ausschließlich der nicht gewerblichen Nutzung. Eine gewerbliche Nutzung ist nur mit Zustimmung des Lizenzinhabers möglich.

Satz: DTP-Satz A. Kugge, München
art & design: www.ideehoch2.de
Druck: Delo Tiskarna d.d., Ljubljana
Printed in Slovenia

Vorwort

Gartenteiche sind Oasen und ökologisch wertvolle Gestaltungselemente im Garten. In Verbindung mit einem Sitzplatz trägt der Gartenteich zur Entspannung bei und bietet viele Möglichkeiten, den Urlaub zu Hause noch mehr zu genießen. Zu allen Jahreszeiten kann man immer wieder neu beobachten, was sich im Teich verändert und entwickelt. Vögel, Libellen, Molche, Kröten, Fische, Wasserkäfer – in und um einen richtig angelegten Gartenteich wimmelt es nur so von Leben.

Es gibt viele Möglichkeiten, den Teich und einen Bachlauf in Verbindung mit Beleuchtung und Wassertechnik auch für die Abend- und Nachtstunden attraktiv zu gestalten, sodass die Wasserfläche auch im Dunkeln eine magische Wirkung entfaltet.

Im Buch ist die professionelle Planung von Anfang an beschrieben. Das macht es möglich, selbst Schritt für Schritt die Ausführung nachzuvollziehen und durchzuführen. Darüber hinaus finden Sie Tipps und Tricks zur Technik und zur Verarbeitung. Teichbaumaterialien und Zubehör können mithilfe des Buchs sorgfältig ausgewählt werden. So werden Sie an Ihrem Teich lange Freude haben.

Teiche schaffen mehr Lebensqualität für die Gartennutzer und Lebensräume für Natur, Tier und Mensch. Mit dauerhaften Materialien für den Teich lässt sich jeder Garten auf einfache und kostengünstige Art so aufwerten, dass er zu einem Paradies wird.

Inhaltsverzeichnis

Inhaltsverzeichnis

Inhaltsverzeichnis

Inhaltsverzeichnis

9

Inhaltsverzeichnis

1 Teichbau leicht gemacht, integrative Planung

Die positive Entwicklung des Gartenteichs hängt ganz entscheidend von der Planung und der Ausstattung bezüglich der natürlichen Ansprüche von Pflanzen und Tieren ab.

Für einen gesunden und natürlichen Zustand Ihres Teichs sind grundsätzliche Voraussetzungen wie der richtige Standort und die Teichgröße wichtige Faktoren. Kleine Teiche mit nur wenigen Quadratmetern Wasserfläche können nicht die gleiche Vielfalt an Leben beherbergen wie ein großer Teich.

Bei guter Planung und naturgemäßer Anlage stellt sich das natürliche Gleichgewicht mehr oder weniger von selbst ein. Allerdings gibt es für den Teichbau und die Pflege einige Grundregeln, die es zu beachten gilt. Künstliche angelegte Teiche werden von vielen Faktoren beeinflusst. Nährstoffüberschuss, Schadstoffe im Wasser oder saurer Regen wirken auf die Wasserqualität ein und können zu Störungen führen.

Einen Teich anzulegen kann und soll Spaß machen. Wichtig ist es, sich erst einmal auf einem Stück Papier zu verdeutlichen, was im eigenen Garten überhaupt machbar ist und anschließend, wie man das Vorhaben in die Tat umsetzen möchte.

Bevor Sie mit dem Entwurf des Teichs beginnen, machen Sie am besten eine detaillierte Bestandsaufnahme Ihres Gartens, ausgehend vom Haus, und zeichnen die Gartenelemente wie Bäume, Wege, Terrasse, Rasenflächen, Mauern, Grenzen usw. maßstabsgetreu in einen Grundlagenplan ein. Hilfreich ist dabei, den vorhandenen Lageplan des Grundstücks aus dem Baugesuch zu verwenden. Der Lageplan hat meist einen Maßstab von 1:500, d. h., eine Abmessung von 1,0 m (100 cm) im Garten entsprechen 2 mm auf dem Plan. Damit Sie die vorhandenen Strukturen gut einzeichnen können, ist es sinnvoll, den Lageplan 5-fach auf den Maßstab 1:100 zu vergrößern (mit Scanner oder Kopierer).

Durch eine sorgfältige Teichplanung sparen Sie viel Arbeit beim Anlegen und auch bei der späteren Pflege. Oft wird der Teich ohne nennenswerte Planung angelegt: Es wird ein Loch ausgegraben, mit Folie ausgelegt und Wasser eingefüllt – fertig. Spätestens nach einem Jahr (meist schon viel früher) wird ein solches „Wasserloch" wieder mit Erde gefüllt und das Thema Gartenteich hat sich bis auf Weiteres erledigt. Dann ist es schade um die Arbeit, denn mit einer anderen Herangehensweise hätte ein schöner, dauerhaft funktionierender Gartenteich entstehen können.

Lesen Sie dieses Buch in Ruhe durch. Sie erfahren hier, welche Grundprinzipien und Punkte wichtig sind, damit der Teich gut funktionieren und Ihnen viel Freude machen kann. Bei der Planung sind nicht nur die richtigen Materialien von Bedeutung, sondern auch Wissen über die Naturgesetze. Wenn beides gut miteinander kombiniert wird, kann von „integrativer Planung" gesprochen werden. Integrative Planung bedeutet auch, dass die hilfreichen Mitarbeiter der Natur, wie Pflanzen, Mikroorganismen und Tiere, in die Planung mit einbezogen werden.

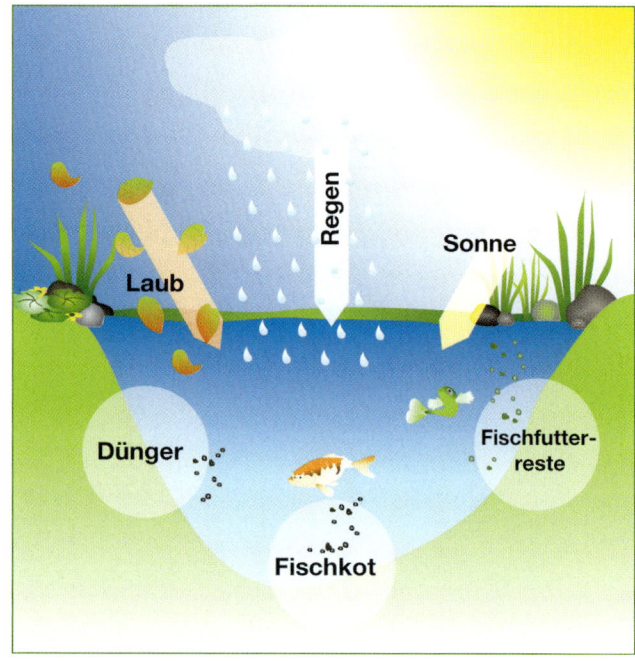

Abb. 1.1 – Einflüsse auf den künstlich angelegten Teich. Quelle (3).

Viele Probleme im Gartenteich, wie z. B. Algen, trübes Wasser, Versumpfen bzw. Verlanden, können mit integrativer Planung und Ausführung weitgehend verhindert werden.

Im Folgenden werden zuerst die Grundlagen für die Funktionen Ihres Natur- und Gartenteichs erläutert. Anschließend folgen die Erläuterungen zu Planung und Bau. Zum Schluss dieses Kapitels wird auf Pflanzen, Fische usw. eingegangen – vor allem auf solche, die den Teich pflegen und z. B. Algen wirkungsvoll reduzieren.

> Der richtige Zeitpunkt für das Anlegen des Teichs ist von Ende Mai bis Mitte Juli.

1.1 Die Wahl des richtigen Standorts

Die Wahl des Standortes für einen Gartenteich beinhaltet viele Aspekte. Zunächst sind der biologische und der formal gestalterische Aspekt für die Vorplanung wichtig. Bei der Gestaltung ist für viele Teichbauer die zukünftige Lage schon durch die Gestaltung der Terrasse oder durch noch freie Flächen mehr oder weniger vorbestimmt.

Sicher haben diese Randbedingungen Einfluss auf die Planung. Sie sollten in dieser Phase aber genau überdenken, ob Sie an die augenscheinlichen räumlichen Grenzen tatsächlich gebunden sind oder noch andere Bilder ersinnen können, die Sie freudiger stimmen.

Im Folgenden einige Fragen und Anregungen zur gestalterischen Standortwahl:

- Was bedeutet Ihnen der Teich (Ort der Entspannung, ein dekoratives Gartenelement, …)?
- Soll der Teich der Mittelpunkt des Gartens sein?
- Ist der Teich eher für die Natur gedacht oder soll er die Attraktivität Ihres Gartens erhöhen?
- Soll der Teich an einer Stelle des Gartens geplant werden, den die Natur auch vorsehen würde (Wasser sammelt sich an der tiefsten Stelle und fließt immer talwärts)?
- Welcher optische Eindruck ist gewünscht?
- Gibt es bereits einen gut gestalteten Weg oder eine vorhandene Terrasse (Sitzmöglichkeit), um von dort aus das Leben im und am Wasser beobachten zu können?

Auch die Art des Geländes beeinflusst die Lage des Teichs. Die Gestaltungsmöglichkeiten für geböschtes und steiles Gelände werden in Kapitel 2.6 „Teich- und Geländegestaltung bei Höhenunterschieden" näher erläutert.

Unabhängig davon, welche Voraussetzungen bestehen und wie frei die Wahl des Standorts ist, sollten Sie auf bestimmte biologisch-technische Bedingungen besonders achten:

- Da Teichpflanzen in der Regel sonneliebende Pflanzen sind, ist ein Standort im Halbschatten bis hin zu ganztägiger Sonneneinstrahlung ideal.
- Liegt ein Teich den ganzen Tag in der vollen Sonne, können schnell Wassertemperaturen von über 25 Grad erreicht werden.

Ein freier, überwiegend sonniger Platz im Garten ist für den Gartenteich ideal. Ein Platz in der Nähe oder gar direkt unter Laubbäumen ist dagegen zu vermeiden – zum einen wegen der Beschattung, zum anderen damit das Laub oder die Früchte der Bäume nicht in den Teich fallen. Durch den starken Eintrag von Laub und Früchten kann es zu einer Überdüngung des Teichs kommen, was zu einer starken Algenvermehrung und Wassertrübung führt.

Vier bis sieben Stunden sollte der Teich in der Sonne liegen und vom Ende der Baumkronen drei bis fünf Meter entfernt sein. Der Untergrund sollte ohne Altlasten sein und sich möglichst schon so gesetzt haben, dass keine Absackungen mehr zu erwarten sind.

13

Kleine Teiche sollten in Teilbereichen abgeschattet sein oder werden, sonst kann es im Sommer zur Überhitzung des Wassers kommen, was unter anderem zu Sauerstoffmangel und zum „Umkippen" des Teichs führt.

1.1 Die Wahl des richtigen Standorts

Faktoren in der Übersicht

- Ausreichendes Sonnenlicht im Bereich der Wasserfläche. Pflanzen und Tiere im Teich brauchen ein ausgewogenes Verhältnis zwischen Sonne und Schatten. Etwa sechs Stunden Sonneneinstrahlung am Tag sind für das optimale Pflanzenwachstum ideal. Kleinere Teiche brauchen mehr Schatten. Zu viel Sonne wärmt hier zu sehr auf und begünstigt das Algenwachstum.

- Keine Bäume in Teichnähe! Legen Sie Ihren Teich auf keinen Fall unter Bäumen an. Herunterfallendes Laub, Früchte und Nadeln überdüngen, übersäuern und vergiften das Teichwasser.

- Kein Windschatten! Der Teich sollte für den Wind frei erreichbar sein. Wind hilft, das Teichwasser in Bezug auf Gase und Temperatur natürlich zu vermischen.

- Formale Aspekte: freie Form, Naturteich, formaler Teich (bei dem alle oder mehrere Seiten des Teichufers eine strenge, formale Formgebung haben). Bei formalen Teichen spielt die absichtlich gewählte äußere Formgebung eine große Rolle bei der Gesamtgestaltung der Gartenanlage – so z. B. bei Gärten, die entsprechend einer Stilrichtung angelegt sind. Formale Teiche können aber, auch wenn es keine totalen Naturteiche sind, trotzdem zur Ökologie beitragen.

1.2 Lage und Größe des Gartenteichs

Grundsätzlich gilt: Je größer ein Teich angelegt wird, je größer also die Wasserfläche ist, desto besser funktionieren die natürlichen Prinzipien und desto weniger Arbeit haben Sie mit der Pflege. Je größer der Teich ist, desto umfangreicher ist die Artenvielfalt der Tiere und Pflanzen, die sich im Teich wohlfühlen.

Gerade ein kleiner Teich gerät schnell aus dem biologischen Gleichgewicht und benötigt viel Pflege. Deshalb ist es bei dieser Ausführungsart möglicherweise erforderlich, einen Teichfilter mit dazugehöriger Pumpe vorzusehen.

Die Möglichkeiten der Gestaltung von Uferzonen und Ausbildungen wachsen ebenfalls mit der Größe des Teichs. Es wird gestalterisch einfacher oder gar erst möglich, Pflanzbereiche und Buchten so anzulegen, dass ein abwechslungsreiches und fantasievolles Gesamtbild entsteht.

Beim Aufzeichnen des Teichprofils werden Sie feststellen, dass erst in größeren Teichen ab ca. 15 m² Wasserfläche eine biologisch sinnvolle Wassertiefe erreicht wird. Bei kleineren Teichen muss das Ufer sehr steil sein, um eine gewisse Tiefe zu erreichen, was aber – neben schlechteren biologischen Funktionen – zu einer Gefahrenquelle für Kinder und Tiere wird. Zudem sind steile Ufer ungünstig für die Teichbepflanzung. Größere Teiche unterliegen geringeren Temperaturschwankungen und durch die größere Wassermenge funktioniert das ökologische Gleichgewicht nachhaltiger.

Ist aber trotz Platzmangel der Wunsch nach einem Teich vorhanden, kann man natürlich auch einen kleineren anlegen. Dann sollte aber die Umgebung des Teichs durch Büsche, Pflanzen und Bäume naturnah gestaltet werden. So fühlen sich auch hier Erdkröten und Libellen wohl. Selbst ein Miniwassergarten oder ein Bottich mit einer Seerose sieht schön aus und leistet einen kleinen Beitrag für die Natur.

Abb. 1.2 – Bottich mit Teichbepflanzung. Auch für einen kleinen Garten geeignet.

Mindestgröße

Bei einem kleinen Gartenteich sollte die Länge mindestens 2 m und die Breite mindestens 1 m betragen.

Faktoren in der Übersicht

- Je größer der Teich, desto günstiger sind die Lebensbedingungen für Pflanzen und Tiere.

- Damit Fische problemlos überwintern können, sollte die Wassertiefe mindestens 80 cm betragen (bei Kois sogar 1,80 m).

- Richtwerte für Teichgrößen mit Fischbesatz (die erste Zahl nennt die Oberfläche, die zweite die Tiefe): 3 – 5 m², 60 – 80 cm; 5 – 15 m², 80 – 100 cm; größer als 15 m², tiefer als 100 cm.

1.2 Lage und Größe des Gartenteichs

Teichgröße	Eigenschaft	Uferaus-bildung	Arten-vielfalt	Technik
klein (ab 1,5 m² Wasseroberfläche)	pflegeintensiv Probleme im Winter	steil	gering	Meist ist ein Teich-filter erforderlich.
mittel (ab 8 – 10 m² Wasseroberfläche)	wenig Pflegeaufwand	flach	mittel bis groß	Bei guter Abstimmung ist keine oder nur wenig Tech-nik erforderlich.
groß (ab 20 m² Wasseroberfläche)	sehr geringer Pflegeaufwand	flach, sehr flach	hoch	keine Technik erforderlich

Bei den Überlegungen zur Grundform des Teichs gilt, dass der Gartenteich doppelt so lang wie breit sein sollte. Dann können alle wichtigen Zonen und Bereiche eines stehenden natürlichen Gewässers nachempfunden werden.

Hier empfiehlt sich eine Plangrundlage, in der Sie alles maßstabsgetreu einzeichnen.

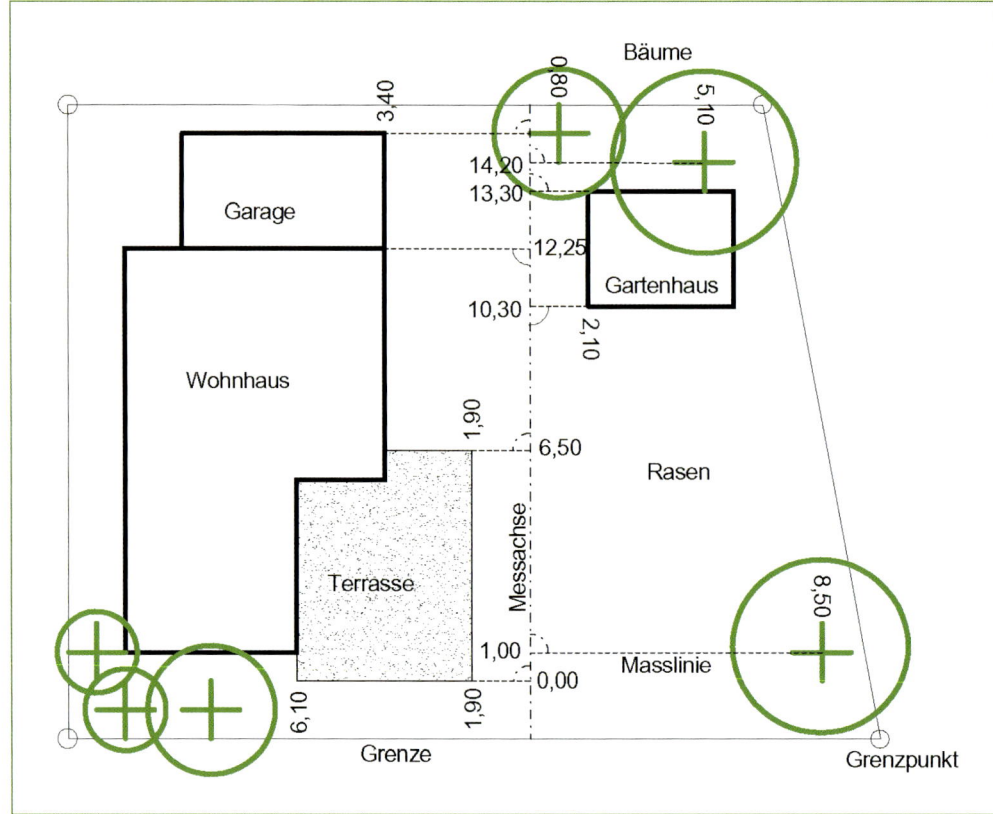

Abb. 1.3 – Plangrundlage als Beispiel, Aufnahme und Einzeichnen der Gartenelemente.

1.3   Optimale Teich- und Pflanztiefe

Die Teichtiefe ist ein Eckwert, der bei Teichbauern gern und viel diskutiert wird. Die Mindesttiefe von 80 cm bis 1,0 m, die oft für den funktionierenden Gartenteich vorausgesetzt wird, ist – was den Frostfaktor in Deutschland anbetrifft – grundsätzlich korrekt. Je nach angelegtem Teichprofil nützt diese Tiefe aber auch im Winter wenig. Ist der Teich hart gefroren, bleibt auch in den tiefen Lagen nur wenig eisfreies Wasservolumen übrig. In der Abb. 1.4 können Sie dies gut erkennen.

Zum guten Funktionieren des Teichs tragen auch die unterschiedlichen Bereiche bezüglich der Tiefe bei. Das aktivste Teichleben findet in einer Wassertiefe bis 40 cm statt. In diesem Bereich befindet sich die Kinderstube des Teichs mit vielen Lebewesen. Hier wachsen auch die meisten Arten der Wasserpflanzen.

> Für einen Naturteich ohne oder mit wenig Fischbesatz sind – vorausgesetzt es gibt genügend Wasservolumen im Tiefwasserbereich – 1,0 bis 1,2 m eine gute Tiefe. Beim Fischteich kann es sinnvoll sein, eine Teichtiefe von 1,20 m und mehr vorzusehen.

Wassertiefen von unter 40 cm werden z. B. im Winter zur Überwinterung und im Sommer als kühler Bereich und Sauerstoffspeicher benötigt (je kühler die Wassertemperatur, desto mehr Sauerstoff wird gespeichert). Weiterhin bietet der Tiefenbereich eine Ausweichmöglichkeit für die Wassertiere an.

Durch die flacheren und tieferen Zonen ist es möglich, dass sich im Teich Wasserschichten mit unterschiedlichen Temperaturen bilden können. Dies funktioniert natürlich nur in einem stehenden Gewässer.

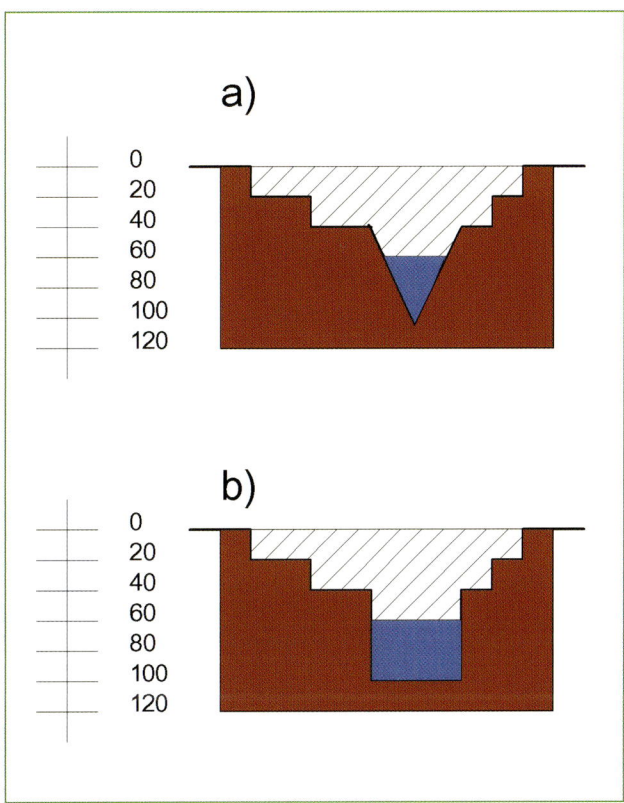

Abb. 1.4 – Beim gefrorenen Teich spielt neben der ausreichenden Teichtiefe auch das Volumen im Tiefwasserbereich eine wichtige Rolle. **a)** Teichprofil spitz, wenig eisfreies Wasservolumen, **b)** immerhin noch 25 % des Teichvolumens bleiben eisfrei.

> Kühleres Wasser kann mehr Sauerstoff binden als warmes Wasser. Daher sind die tieferen, kühleren Teichzonen auch wichtige Sauerstoff-Reservoirs.

1.4   Natürliche Umwälzung im Naturteich

Nur wenn ein Teich nicht künstlich umgewälzt wird, kann sich die natürliche Umwälzung einstellen. Der natürliche Umwälzungsprozess findet, je nach Jahreszeit, nach folgendem Prinzip statt:

Im Frühjahr, Herbst und Sommer erwärmt die Sonne das Teichwasser und es bilden sich Temperaturschichten aus. Das Wasser der oberen Schichten ist warm und wird nach unten hin immer kälter. Der Sauerstoffgehalt in den oberen Wasserschichten sinkt. Im unteren Bereich ist das Wasser kühler und der Gehalt (prozentuale Sättigung) an Sauerstoff somit höher.

Im Winter kann die Wassertemperatur aufgrund niedriger Lufttemperaturen so weit absinken, dass die obere Wasserschicht gefriert. Das Außergewöhnliche am physikalischen Verhalten des Wassers im Vergleich zu anderen Stoffen ist, dass es bei +4 °C am schwersten (Dichte) ist. Daher sammelt sich am Teichboden +4 °C warmes Wasser.

Das Wasser bleibt dadurch im tiefen Bereich eisfrei, wodurch die Teichtiere gefahrlos überwintern können. Im oberen Bereich befindet sich leichteres, kälteres

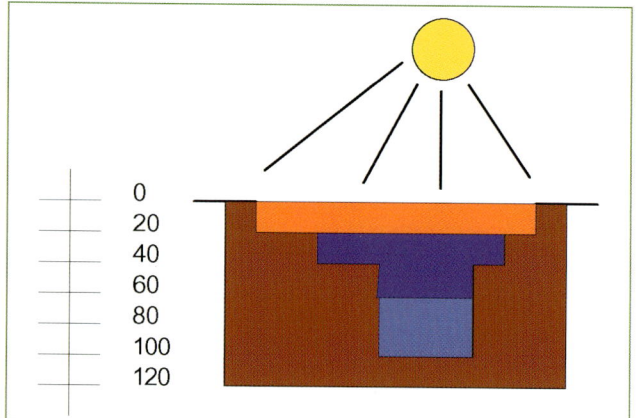

Abb. 1.6 – Bei der ungestörten Erwärmung bilden sich unterschiedlich temperierte Schichten im Teich aus.

Wasser, das an der Teichoberfläche bei Minustemperaturen zu Eis gefriert.

Wird das Teichwasser z. B. mittels einer Pumpe oder Luftsprudlers (Luftblasen aus dem Sprudelstein) bewegt, durchmischen sich die kalten, oberen Wasser-

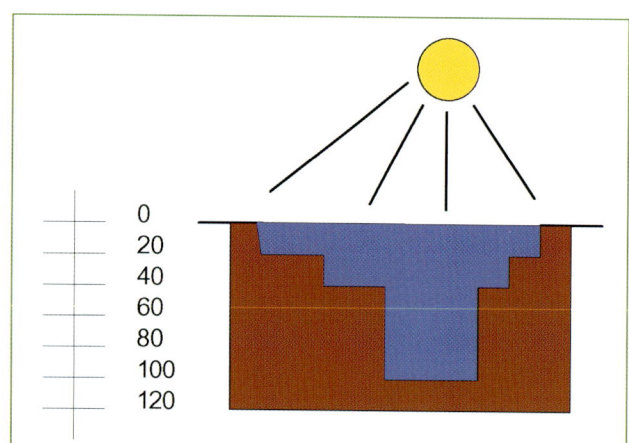

Abb. 1.5 – Das Teichwasser erwärmt sich durch die Sonneneinstrahlung.

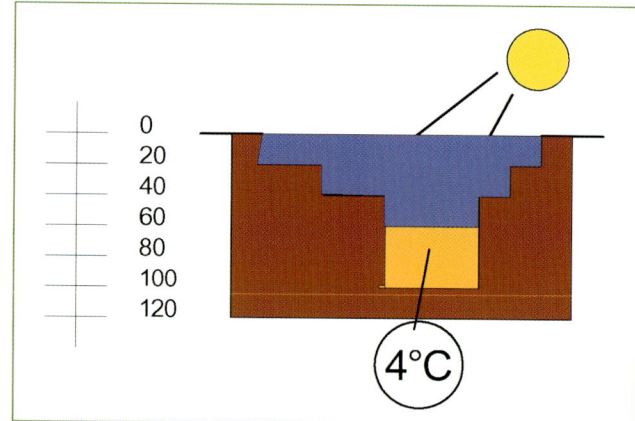

Abb. 1.7 – Natürliche Wasserschichtung im Winter. Am Teichgrund sammelt sich +4 °C warmes Wasser. Darin können die Teichtiere überwintern.

schichten mit den wärmeren, unteren Wasserschichten. Die Oberfläche vereist zwar zunächst nicht, aber es besteht bei weiterem Absinken der Temperaturen die Gefahr, dass der komplette Teich gefriert.

1.4.1 Künstliche Umwälzung, Vor- und Nachteile

Bei der künstlichen Umwälzung wird das Wasser mithilfe einer Pumpen- und Filteranlage durchmischt. Die Pumpe zieht das Wasser meist in der Nähe des Teichbodens ab und lässt das gefilterte Wasser an der Oberfläche wieder in den Teich strömen. Die gleichmäßige Wasserdurchmischung (Temperatur), die bei einem Swimmingpool erwünscht ist, stört die natürliche Schichtung und die Prozesse im Gartenteich.

Durch diese Durchmischung der Wasserschichten erwärmt sich das Teichwasser insgesamt. Bei im Hochsommer stark erwärmten Teichen entsteht dadurch Sauerstoffmangel und es besteht die Gefahr, dass der Gartenteich „umkippt". Somit kann die gut gemeinte Belebung des Wassers (auch durch einen Springbrunnen!) das Gegenteil bewirken. Hinzu kommt, dass in der durch die Durchmischung entstehenden „warmen Suppe" Algen besonders gut wachsen.

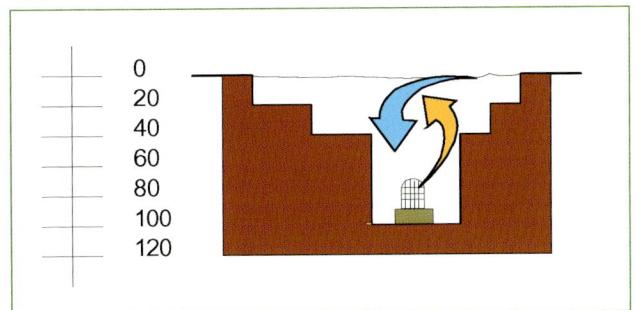

Abb. 1.9 – Werden die Teichschichten im Winter künstlich durchmischt, kann dies zum Gefrieren des kompletten Wasserinhalts führen.

Bei der künstlichen Durchmischung der Wasserschichten im Winter (durch eine Umwälzpumpe) wird das wärmere Wasser am Teichgrund abgekühlt und die Wassertemperatur im kompletten Teich sinkt unter +4 °C. Sinkt die Temperatur bis auf 0 °C, kann der ganze Teich in kurzer Zeit bis auf den Boden gefrieren, was bedeutet, dass dann alle Teichbewohner im Eis eingeschlossen werden.

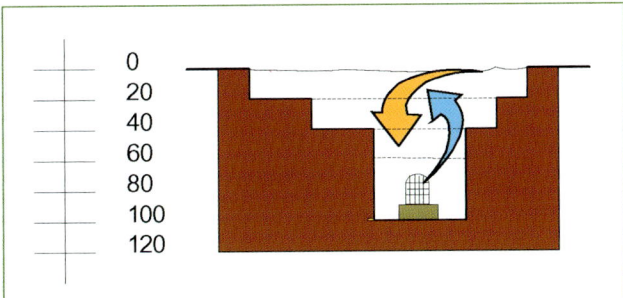

Abb. 1.8 – Durch die Pumpe wird die obere erwärmte Wasserschicht in die tieferen Bereiche gebracht. Die Wärmeschichtung wird zerstört und das Wasser durchmischt sich zu einer gleichmäßigen Temperatur.

Fazit

Wenn es nicht zwingend erforderlich ist, empfiehlt es sich, nicht umzuwälzen. Besteht aber doch die Notwendigkeit einer Filter- und Umwälzanlage, sollte diese zumindest so angeordnet werden, dass die natürliche Schichtung nicht gestört wird. Dies kann dadurch erreicht werden, dass der Ansaug- und Einspeisepunkt im Teich auf gleicher Höhe angeordnet und mit – die Strömung reduzierenden – Aufweitungen versehen werden, sodass möglichst wenig Durchmischung stattfindet.

1.5   Das ideale Teichprofil

Der nächste wichtige Schritt in der Planung ist das Aufzeichnen des Teichprofils. Dazu wird zeichnerisch durch die Mitte des Teichgrundrisses ein Schnitt gelegt und der Höhenverlauf profiliert. *Profil* bedeutet beim Teich, die Höhenabstufungen, ausgehend vom einen Ufer über den tiefsten Bereich bis zum gegenüberliegenden Ufer, darzustellen. Das Grundprinzip des Profils lässt sich nachvollziehen, wenn Sie einen Pudding in der Mitte durchschneiden und direkt auf die Schnittfläche schauen; dann sehen Sie das *Profil* der Puddingform.

Das Teichprofil entsteht durch die unterschiedlichen Wassertiefen, die für eine natürliche Bepflanzung mit Wasserpflanzen wesentlich sind, denn jede Pflanzenart bevorzugt ihren eigenen Wasserstand.

Wenn Sie Ihren Teich planen, zeichnen Sie zuerst einen für den Teichstandort passenden Grundriss maßstabsgetreu auf und fertigen jeweils einen Schnitt an der langen und der breiten Seite im gleichen Maßstab an. Dies tun Sie auch, um zu sehen und zu verstehen, welche Teichgröße erforderlich ist, um die vorgesehene Teichtiefe und die erwünschten Abstufungen im Uferbereich zu erreichen.

Sie können durch mehrere übereinanderliegende Lagen Transpa-

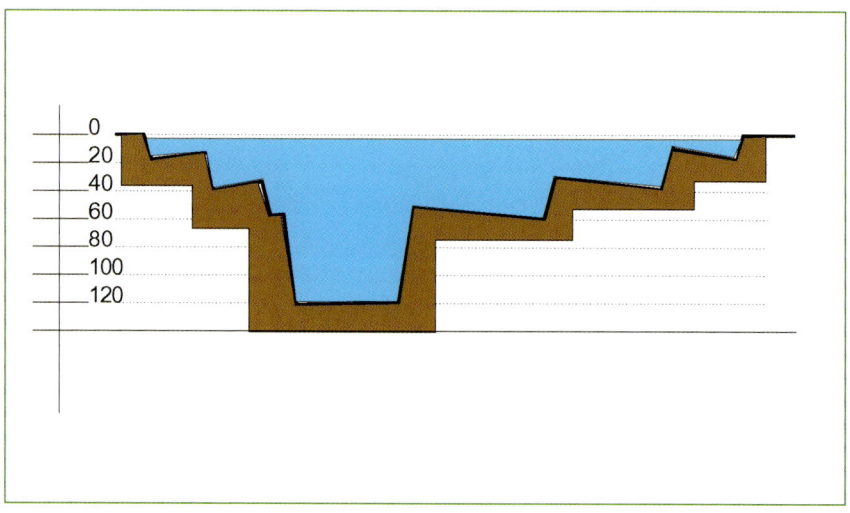

Abb. 1.10 – Beispiel: Schnitt eines Teichprofils

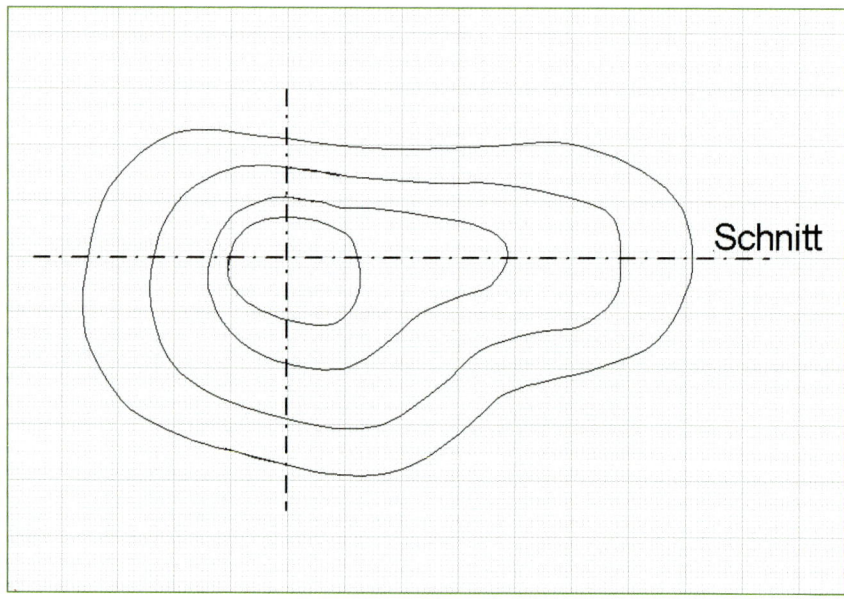

Abb. 1.11 – Grundriss mit der Lage des eingezeichneten Schnitts. Beim Maßstab 1:20 entsprechen 10 cm in der Wirklichkeit 5 mm auf dem Papier.

rentpapier (Butterbrotpapier) mehrere Entwürfe auf derselben Grundlage anfertigen und die dadurch entstehenden Varianten am Schluss miteinander vergleichen.

Für das baufertige Teichprofil können Sie Millimeterpapier verwenden, was die Übertragung in die Wirklichkeit erleichtert. Dazu sollte das Profil aber maßstabsgerecht, idealerweise 1:20, eingetragen werden. Natürlich können Sie auch andere Maßstäbe verwenden, wie z. B. den Maßstab 1:10 (dann entspricht 1 cm auf dem Papier einer Strecke von 10 cm in der Wirklichkeit).

Wird der Gartenteich ohne profilierte Abstufungen nur als Grube angelegt, fehlen die für die Pflanzen und Tiere erforderlichen unterschiedlichen Tiefenzonen und damit natürliche Regelmechanismen. Außerdem wirkt er so als tödliche Falle für Tiere, die hineingefallen oder -gerutscht sind. Sie kommen nicht mehr aus dem Teich heraus und ertrinken dann vor Erschöpfung.

Damit das auf den profilierten Etagen eingebrachte Bodensubstrat und die Pflanzen im Teich nicht abrutschen, ist es erforderlich, die Abstufungen so zu gra-

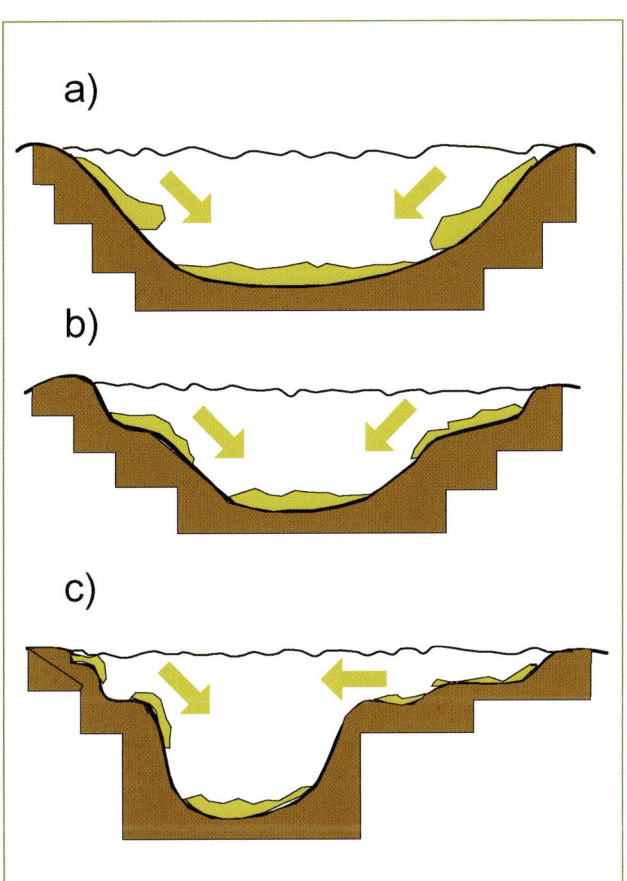

Abb. 1.13 – Ungünstige Profile für den Gartenteich. Grund: **a)** Die Wände sind zu steil, das Teichsubstrat rutscht ab, Amphibien kommen kaum mehr aus dem Teich heraus. **b)** Die Abstufungen im Uferbereich sind zu steil, Substrat und Pflanzen rutschen ab. **c)** Schon besser, Substrat und Pflanzen rutschen aber immer noch ab.

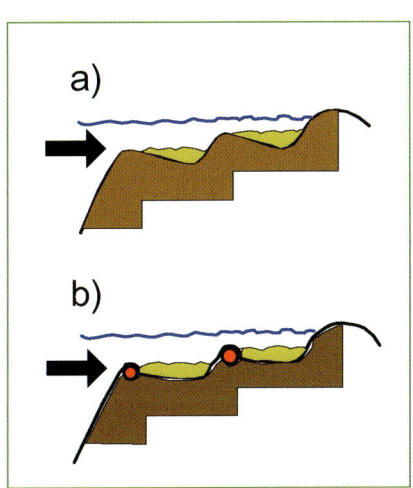

Abb. 1.12 – Richtig angelegte Abstufungen, **a)** beim Ausgraben profiliert, **b)** durch einen unter der Teichfolie eingelegten Drain-Schlauch hergestellt.

1.5 Das ideale Teichprofil

ben, dass diese nach hinten, also zum Teichufer hin, fallen.

1.5.1 Zoneneinteilung des Teichs

Die unterschiedlichen Zonen oder auch Lebensräume werden im Teich durch unterschiedliche Wassertiefen gebildet. Die Zonen sind dadurch zu erkennen, dass dort ganz bestimmte Pflanzenarten gedeihen. Die Wassertiefen ergeben sich durch die stufenförmige Profilierung des Uferbodens bis zum Teichgrund hin.

Im Wesentlichen können drei Zonen genannt werden.

1. Die Feuchtzone/Uferzone, Übergang zum Land
2. Flachwasserbereich
3. Tiefwasserbereich

Bei natürlich entstandenen Seen ist die Ufervegetation meist besonders vielfältig, stark wachsend und reich

Bei größeren und tieferen Folienteichen ist es sinnvoll, auch in Bereichen von 60 cm, 100 cm, 120 cm und bei 150 cm usw. mindestens 40 cm breite Stufen einzubauen. In diesem Fall ist das nicht für die Teichfunktion vorrangig, sondern für Ihre eigene Sicherheit. Im Lauf der Zeit wird die Folie durch die Algen glitschig und rutschig. Wenn Sie sich einmal im Teich befinden, werden Sie froh darüber sein, mithilfe der Stufen wieder aus dem Wasser herauszukommen.

blühend. Dies kommt daher, dass in diesem Bereich der Nährstoffgehalt sehr hoch ist.

Für den Teichbesitzer mit seinem verhältnismäßig kleinen Gartenteich gibt es nun einen Interessenkonflikt. Das Teichwasser sollte nährstoffarm sein, damit sich möglichst wenig Algen bilden und die Wasserqualität ohne Filtersystem erhalten bleibt. Die Wasserpflan-

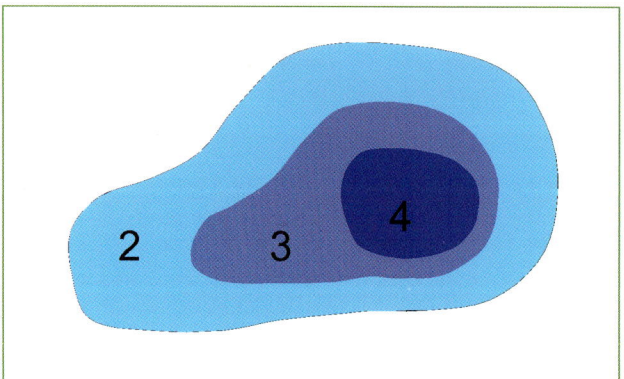

Abb. 1.14 – Zoneneinteilung eines Teichs mit **2)** Feuchtzone, **3)** Flachwasserzone, **4)** Tiefwasserzone

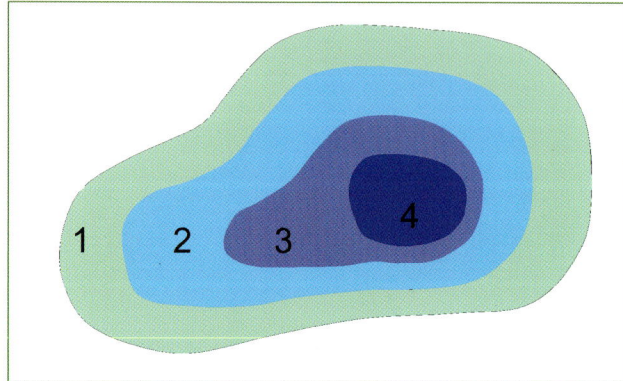

Abb. 1.15 – Zoneneinteilung mit einem weiteren Bereich Nr. **1)** blau, dem Pflanzbereich.

1.5 Das ideale Teichprofil

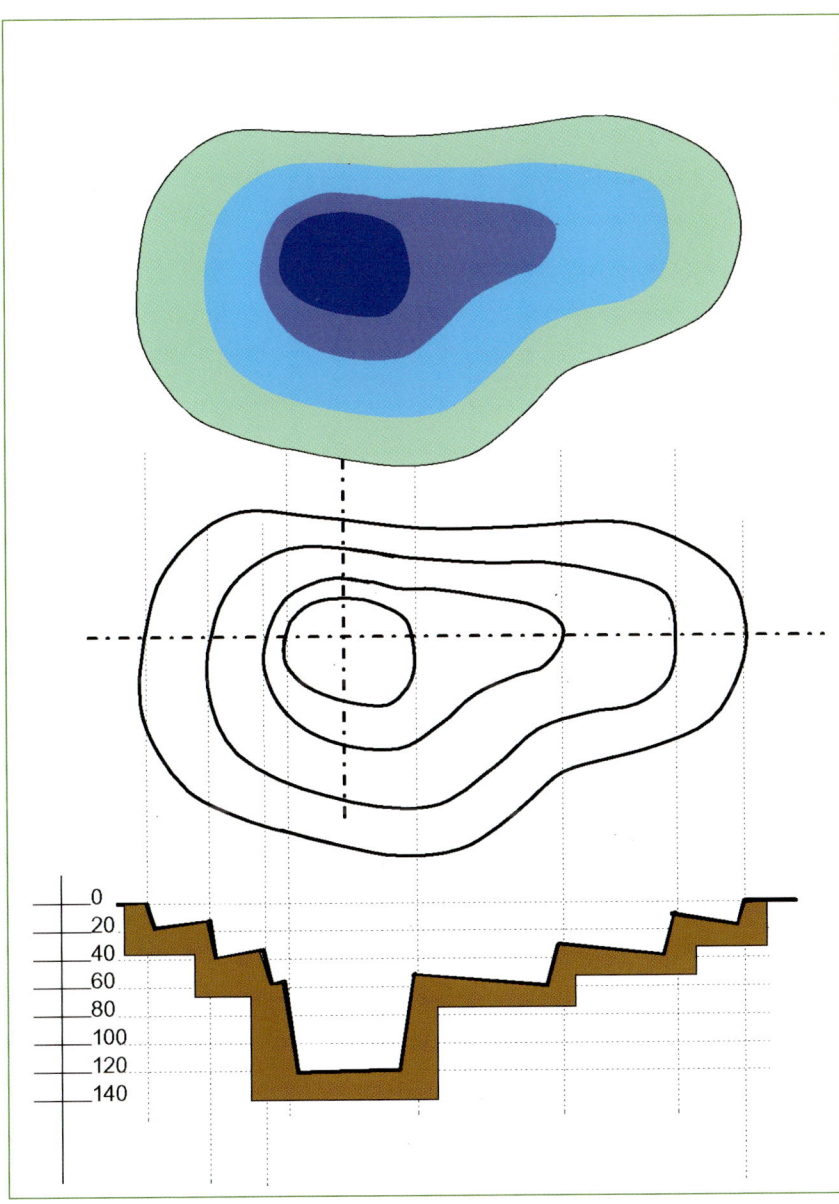

Abb. 1.16 – Oben die Grundrissdarstellungen, unten der Schnitt; Abstufungen mit Angabe der Wassertiefen in cm.

zen in der Randzone benötigen andererseits aber Nährstoffe, damit sie üppig wachsen und prächtig blühen können. Damit sowohl üppiges Pflanzenwachstum als auch ein nährstoffarmes Gewässer möglich sind, gibt es für den künstlich angelegten Gartenteich einen Trick: Der nährstoffarme Wasserbereich und der üppige Pflanzenbereich werden von der Wasserverbindung her getrennt so angelegt, dass die Trennung für den Betrachter nicht erkennbar ist. Damit entsteht ein duales System, auf das später noch näher eingegangen wird.

Faktoren in der Übersicht:

Ideal ist eine Gliederung des Teichs in mindestens drei Teichzonen:

1. Sumpfzone, 10 bis 20 cm tief. Rund 1/3 der Teichoberfläche.

2. Flachwasserzone: 30 bis 50 cm tief.

3. Tiefwasserzonen: bei Fischteichen mind. 80 cm, besser 100 bis 120 cm tief, damit der Teich sich im Sommer nicht so stark aufheizt und die Tiere bei zugefrorenem Teich überwintern können.

1.6 Teich absichern, wenn Sie kleine Kinder haben

Wasser zieht Kinder und Tiere magisch an. Gestalten Sie deshalb sichere Wege zum und am Teich, auch um Rutschgefahr zu vermeiden! Für den Teichbetreiber besteht übrigens eine gesetzliche Sicherungspflicht.

Grundsätzlich sollten die Ufer des Teichs so flach ausgebildet sein, dass Kinder nicht den Halt verlieren und zur Not auch selbst wieder herauskommen können. Das Vertrautwerden der Kinder mit dem Gartenteich in Anwesenheit Erwachsener dient der Sicherheit aller.

Im Bedarfsfall können Sie zur zusätzlichen Sicherheit ein stabiles, pulverbeschichtetes Gitter knapp unter der Wasseroberfläche anbringen, sodass Kinder und auch Haustiere problemlos wieder aus dem Teichbereich aussteigen können. Von verzinktem Metall sei abgeraten, da sich das Zink im Wasser lösen kann und dieses dann vergiftet.

Eine Umzäunung ist sowohl für die Sicherheit als auch zur Unfallvermeidung (und die Gestaltung) nicht die beste Lösung. Hier gibt es leider immer wieder Beispiele aus der Praxis, wo es gerade dann zu einem tragischen Unfall kam, als gerade das Türchen zum Teich offen stand.

Wichtiger Hinweis

Ein flacher Uferrand ermöglicht sowohl ins Wasser gefallenen Kindern als auch Tieren einen leichteren Ausstieg und somit das Überleben.

Empfehlung

Schaffen Sie für die Kinder zusätzlich einen eigenen gefahrlosen „Kinderteich" in der Nähe des Hauptteichs, können die Kinder dort problemlos in und mit dem Wasser spielen und ihre Erfahrungen machen. Er lässt sich oft mit Folienresten vom „großen" Teich und in Zusammenarbeit mit den Kindern realisieren. Die Folie des Kinderteichs sollte dabei so tief gelegt werden, dass sie durch Kinderschaufeln nicht beschädigt werden kann. Die Folie kann dazu mit einem Vlies abgedeckt werden, das zusätzlich mit einer dicken Sand- oder Mörtelschicht abgedeckt wird. Die Kinder können dann Seen und Wasserlandschaften im Sand bauen und allerlei Schwimmkonstruktionen zu Wasser lassen.

1.7   Damit sich alle mit dem Teich wohlfühlen

Ob sich Tiere und Pflanzen im Gartenteich wohlfühlen, hängt im Wesentlichen von der Qualität des Wassers und der naturnahen Gestaltung ab. Die Wasserqualität wiederum hängt davon ab, ob die natürlichen Prinzipien im Teich wirken können. Amphibien möchten aus dem Wasser kommen, ohne gesehen zu werden. Auch deshalb spielt die Gestaltung eine große Rolle, braucht es eine ufernahe Bepflanzung, Steinhaufen, Trockenmauern und Reisighaufen, in denen sich die Tiere verstecken oder unbemerkt auf Wanderschaft gehen können. Zumindest ein Uferteil sollte so an den Garten angebunden sein, dass versteckte Pfade für die Tiere möglich sind.

Wenn Sie einen Teich in Ihrem Garten anlegen, werden es nicht nur die Tiere begrüßen, die in dem Teich wohnen, sondern auch Vögel, die zum Baden und zum Trinken kommen, Igel, Schlangen, Bienen, Wespen und viele andere mehr. Neben der Gestaltung des Gartens in Teichnähe sollte der Platz auch so gewählt werden, dass es dort ruhige, ungestörte Bereiche und Zeiten ohne menschliche Aktivitäten gibt.

Je nachdem, ob Sie den Gartenteich nachträglich in den bereits angelegten Garten oder im Zuge einer Gartenneuplanung integrieren möchten, am Schluss sollte eine gestalterische Einheit herauskommen. Wesentlich ist dabei, dass die formalen Anschlüsse und die Einbindung in die Gartengestaltung stimmig gelöst werden. Neben Teichart und -form spielen dabei vor allem die Bepflanzung und die Ufergestaltung eine wesentliche Rolle. Die vorhandene Geländeform und der Stil des Hauses oder des bereits angelegten Gartens beeinflussen ebenfalls die Gestaltung.

Doch zunächst fragt sich, wie Sie sich Ihren Teich vorstellen und wie Sie ihn nutzen möchten.

Abb. 1.17 – Ein ungestörter Bereich in Teichnähe ist für die Tiere wichtig.

1.8 Der Gartenteich und seine Möglichkeiten

Der Gartenteich wird hier als Überbegriff verwendet, der die unterschiedlichen Teichtypen beinhaltet. Der im Buch des Öfteren verwendete Begriff *Naturteich* bezieht sich weniger auf die Baumaterialien als auf die Art, wie der Teich angelegt wird. Durch die Anlage des Teichs nach den natürlichen Prinzipien kann dieser mithilfe der Mitarbeit der Natur bestens funktionieren. Der Naturteich, wie er weiter unten beschrieben wird, hat zwar eine künstliche dichtende Schicht, doch durch eine entsprechende Ausgestaltung kann dieser Nachteil weitgehend ausgeglichen werden. Auch ein für den Menschen nutzbarer Schwimmteich kann so gebaut sein, dass er mit wenig oder keiner zusätzlichen Filtertechnik auskommt.

Eine einfache Einrichtung, um das natürliche Reinigungsvermögen des Naturteichs zu unterstützen, kann ein zusätzlicher Filterteich sein. Der Filterteich bietet die Möglichkeit, ohne viel Technik das Wasser des Hauptteichs natürlich zu reinigen. Ein technisches Filtersystem wird möglicherweise bei einem kleinen Teich oder einem Teich mit unverhältnismäßig viel Fischbesatz sinnvoll und erforderlich sein. Der Fischteich erfordert – je nach Absicht (Zierfische oder Fischzucht) – ganz spezielle technische Maßnahmen.

Sie merken sicher schon, wie vielfältig das Thema angegangen werden kann. Die verschiedenen Möglichkeiten werden in den Grundzügen noch ausführlich beschrieben. Schwerpunkt dieses Buchs ist eindeutig der natürlich angelegte Gartenteich, auch mit zusätzlichen technischen Möglichkeiten, wenn diese erforderlich sein sollten. Dieser hat bezüglich des geringen Pflegeaufwands, der geringeren Kosten und der Erlebbarkeit große Vorteile für die Gartenbesitzer.

1.8.1 Verschiedene Teicharten, Vor- und Nachteile

Bei der Planung Ihres Gartenteichs ist zunächst wichtig, wie er später genutzt werden soll. Mit *Nutzung* ist hier aber nicht die wirtschaftliche Nutzung im Sinn einer effektiver Fischzucht gemeint, sondern die Nutzung durch die Natur – durch die Pflanzen, Tiere und durch Sie.

Darüber hinaus braucht es Ihre Selbsteinschätzung. Möchten Sie künftig an Ihrem Teich „herumbasteln" oder liegt es Ihnen mehr, den

Abb. 1.18 – Ein größerer Gartenteich, der auch als Schwimmteich genutzt werden kann.

Teichart	Gestaltungprinzip	Pflegeaufwand	technischer Aufwand	Kosten
Naturteich	nach Naturprinzipien	gering	sehr gering	niedrig
Universalteich, mit geringer Teichtechnik	nach Naturprinzipien	mittelmäßig	mittel	niedrig bis mittelhoch
Filterteich, Fischteich, wenig Fische	mit eingeschränkten Naturprinzipien	hoch	hoch	hoch
Fischteich bei hohem Fischbesatz	stark eingeschränkte Naturprinzipien	hoch bis sehr hoch	sehr hoch	sehr hoch
Schwimmteich als Naturteich angelegt	nach Naturprinzipien bis zu eingeschränkten Prinzipien	mittelmäßig	niedrig bis mittel	auf die Wasserfläche bezogen niedrig
Wasserspiel	natürlich bis künstlich	niedrig bis mittelmäßig	hoch bis sehr hoch	mittel bis sehr hoch

Teich einmal anzulegen (oder anlegen zu lassen) und nach Fertigstellung dort die Seele baumeln zu lassen? Suchen Sie einen ruhigen, entspannenden Platz oder lieben Sie es, aktiv zu sein und den Gartenteich als Schwimmteich zu nutzen? Brauchen Sie eine attraktive und repräsentative Gestaltung, die möglichst wenig Arbeit machen soll, oder sehnen Sie sich danach, die Tiere und Pflanzen im und um den Teich zu beobachten und den Teich in der Nähe Ihres Lieblingssitzplatzes zu haben? Vielleicht gehen aber Ihre Wünsche auch zu mehreren Aspekten hin, die in einem oder auch mehreren Teichen realisiert werden sollen?

1.8.2 Der Naturteich, pflegeleicht und schön

Der Naturteich kann so angelegt werden, dass wenig Pflege und keine oder kaum technische Unterstützung erforderlich sind. Diese Teichart eignet sich vor allem dann, wenn Sie Ihren Teich genießen möchten, aber wenig Zeit und Lust haben, daran zu arbeiten.

Das Gestaltungsprinzip entspricht dem der Natur: Form und Ausgestaltung des Teichs sind so angelegt, dass die natürlichen Prinzipien optimal zusammenwir-

ken können und damit für Sie die Hauptarbeit der Teichpflege erledigen.

Durch das Wissen um die Prinzipien und durch entsprechende Tricks können auch vorhandene Teiche in ihrer natürlichen Funktion verbessert werden, so z. B. die Problematik der Nährstoffanreicherung durch Pflanzsubstrate, was zu trübem Wasser und starkem Algenwachstum führt. Der Grund dieses Problems liegt

Die Gestaltungsprinzipien für den Naturteich werden in folgenden Kapiteln im Detail erläutert

- 1.1 Die Wahl des richtigen Standorts
- 1.2 Lage und Größe des Gartenteichs
- 1.3 Optimale Teich- und Pflanztiefe
- 1.4 Natürliche Umwälzung im Naturteich
- 1.5 Das ideale Teichprofil
- 1.5.1 Zoneneinteilung des Teichs

1.8 Der Gartenteich und seine Möglichkeiten

oft darin, dass die Pflanzen in der Uferzone mit einem „gut gedüngten Substrat" ausgestattet werden.

Die Nährstoffe kommen aber dadurch auch in die Hauptwasserfläche und führen dort zu starkem Algenwachstum und wuchernden Wasserpflanzen. Der Teich verkommt innerhalb kurzer Zeit zu einer grünen Brühe und verlandet langfristig, wenn keine Gegenmaßnahmen erfolgen. Also ist es für eine dauerhaft klare Wasserfläche wünschenswert, ein mageres, niedriges Nährstoffniveau aufrecht zu halten. Die Lösung – auch bei bereits vorhandenen Gartenteichen – besteht oft darin, den Gartenteich so aufzubauen, dass zwei getrennte Zonen entstehen, die als einheitliches Gestaltungselement erlebt werden. Dieses Gestaltungsprinzip wird als *duales System* bezeichnet und besteht aus:

1. der Zone für üppig blühende Wasserpflanzen
2. der Hauptwasserfläche mit klarem Wasser

Beim dualen Teichsystem ist der Wasserspiegel im Pflanzenbereich etwas niedriger als im Teich. Dadurch kann zu viel Wasser aus dem Teich in den Pflanzenbereich überlaufen, aber das nährstoffreiche Wasser aus dem

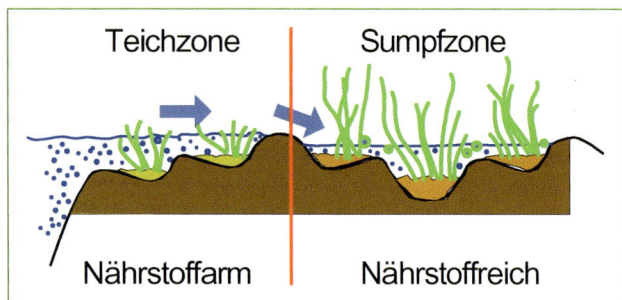

Abb. 1.19 – Duales System: Die Folie führt aus dem Teich heraus, läuft über einen Uferwall und bildet dahinter eine weitere Mulde für die üppige Vegetation in nährstoffreichem Substrat.

Pflanzbereich gelangt nicht in den Hauptteich. Der Pflanzbereich hat für die unterschiedlichen Pflanzenarten auch unterschiedliche Tiefen. Es gibt tiefere Zonen und flachere Feuchtzonen. Im Sommer verdunstet im Pflanzbereich das Wasser stärker, sodass eine Nachspeisung aus dem Teich angebracht ist. Die Wassernachspeisung des Teichs wiederum erfolgt durch nährstoffarmes Regen- oder Leitungswasser.

Zwischen dem Teich und dem Pflanzbereich bedarf es einer Saugsperre (Folie), die verhindert, dass über den Kapillareffekt nährstoffangereichertes Wasser aus dem Pflanzbereich in den Hauptteich gelangt. Ist die Gestaltung gelungen, ist der Übergang zum Landbereich fließend und die angelegten Strukturen lassen sich optisch nicht mehr erkennen.

1.8.3 Filterteich – mit geringer Technik und hoher Filterwirkung

Der Filterteich ist von seiner Funktion her mit einem technischen Teichfilter zu vergleichen, hat aber den Vorteil, dass sich die technische Einrichtung auf eine kleine Umwälzpumpe reduziert und dadurch nur geringe Wartungsarbeiten anstehen. Die Filterwirkung wird durch natürliche Materialien, Mikroorganismen und Pflanzen übernommen.

Die Baumaterialien für einen Filterteich sind – bis auf das Substrat – weitgehend die gleichen wie beim Gartenteich: Teichvlies, Teichfolie, Kiese verschiedener Körnungen und Wasserpflanzen.

Das Wasser aus dem Teich soll zur Reinigung verschiedene Kiesschichten durchlaufen, in denen Mikroorganismen leben. Dazu eignet sich auch Filterlava. Ferner werden in den Kies bzw. die Filterlava verschiedene Pflanzen eingesetzt, die für eine weitere Verbesserung der Wasserqualität sorgen.

Mithilfe einer Teichpumpe und der Schwerkraft erzielt man somit einen Kreislauf. Das zu reinigende Wasser wird aus dem Gartenteich in den Filterteich gepumpt. Von dort läuft es gereinigt (per Schwerkraft) in den Gartenteich zurück. Dazu sollten die Ränder des Filterteichs etwas höher angelegt sein als die des Hauptteichs, damit das gereinigte Wasser in diesen überlaufen kann. Die Tiefe des Filterteichs sollte mindestens 80 cm, besser 1 m betragen.

Der Teichbau erfolgt in den Grundzügen wie beim Gartenteich. Anstatt des Teichsubstrats werden verschiedene Kiesfüllungen eingebracht. Im Filterteich wird das Wasser – vom Gartenteich kommend – über ein Dränagerohr eingespeist, das in Spiralform auf dem Boden des Filterteichs liegt. Die unterste Schicht besteht aus grobem Kies, der nach oben hin immer feinere Körnungen aufweist. Der Teich wird fast bis zum oberen Rand mit Kies gefüllt. Dort hinein werden dann die Pflanzen (z. B. Schilf) gesetzt.

Wird jetzt das Wasser durch das Dränagerohr eingeleitet, muss es die verschiedenen Kiesschichten von unten nach oben durchlaufen und wird dabei gereinigt. Die Pflanzen und die Mikroorganismen tun ihr Übriges und wandeln z. B. Nitrite um und entziehen viele Nährstoffe.

Damit der Filterteich gut funktioniert, sind folgende Bereiche richtig zu dimensionieren:

Das Wasservolumen des Filterteichs
Die Größe des Filterteichs ist vom Hauptteich abhängig. Als Faustformel gilt: eine Filterteichgröße von 20 – 25 %, bezogen auf den Gartenteich. Bei kleineren Teichen sollte der Filterteich im Verhältnis größer sein. Als Beispiel: Hat der Gartenteich 10 m³ Inhalt (10.000 Liter), sollte der Filterteich mindestens 2 m³ (2.000 Liter) fassen können. Auch ist es möglich, die Probe hinsichtlich der richtigen Dimensionierung über die Teichoberfläche zu machen: Filterteich mit ca. 20 – 50 % Wasseroberfläche im Verhältnis zum Hauptteich.

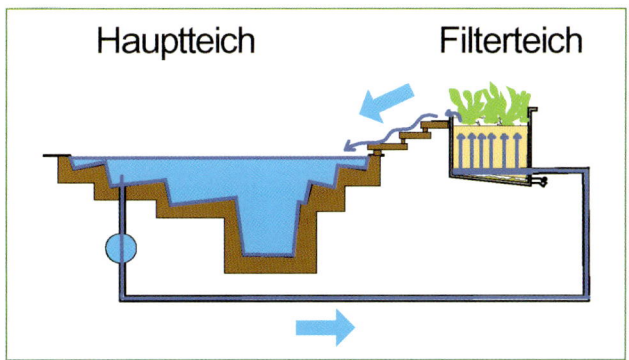

Abb. 1.20 – Prinzip Filterteich und Anordnung zum Hauptteich

Grundsätzlich gilt: Je größer der Filterteich, umso länger wird die Verweildauer des Wassers im Filterteich und desto besser ist die Reinigungswirkung.

Die Durchflussgeschwindigkeit
Optimal ist es, wenn das Wasser alle Filterschichten langsam durchläuft, damit sich in den Kiesschichten die unterschiedlich großen Schmutzteile absetzen und von den Mikroorganismen und Pflanzen langsam verdaut werden können.

Als Bezugsgröße gehen wir von einem Wassertauschfaktor des 3- bis 4-fachen, bezogen auf den Teichinhalt, aus. Das bedeutet: Wenn der Inhalt des Hauptteichs am Tag drei bis vier Mal über den Filterteich ausgewechselt wird, haben Sie die richtige Durchflussgeschwindigkeit eingestellt.

Die Teichpumpe muss für das angegebene Beispiel 40 m³ (40.000 Liter) am Tag umwälzen können. Sie be-

Die Fließgeschwindigkeit sollte nicht mehr als 40–60 l/min betragen (je kleiner der Filterteich, desto geringer die Durchflussmenge).

nötigen dafür eine Teichpumpe mit einer Leistung von ca. 2.000 Litern pro Stunde (40.000 Liter geteilt durch 24 Stunden). Das Wasser hat dabei eine Verweildauer von ca. einer Stunde im Filterteich.

Inhalt und Aufbau des Filterteichs
Beim Bau des Filterteichs sollten Sie darauf achten, dass für die Mikroorganismen und reinigenden Pflanzen der geeignete Lebensraum vorhanden ist. Dazu braucht es verschiedene Kiesschichten und unterschiedliche Pflanzen. Je nach verwendeten Pflanzenarten erfordert es einen Wasserspiegel zwischen 10 und 80 cm. Auch der Einbau von Filtermatten (Vlies) kann sinnvoll sein.

Der Einlauf muss so gestaltet werden, dass das Wasser die Kiesschüttung von unten her durchströmt. Dies erreichen Sie durch einen eingeklebten Rohrflansch im Filterteichboden. Die Wasserverteilung am Boden wird durch sehr groben Kies (ca. 10 cm Durchmesser) erleichtert, erst auf diese Schicht folgen dann die feineren Kiesschichten. Zwischen die Kiesschichten kann auch ein Glasfaservlies gelegt werden. Als Zwischenschicht

sollte die Körnung 8 – 16 mm und als oberste Schicht die Körnung 2 – 8 mm eingebaut werden.

Die Sauerstoffanreicherung erfolgt über den Einlaufbereich vom Filterteich zum Hauptteich. Sprudelsteine können, besonders in den Nachtstunden, die Sauerstoffversorgung unterstützen. Der Nährstoffentzug findet im Filterteich in der oberen Kiesschicht statt. Diese wird mit stark zehrenden Pflanzen ausgestattet, die ohne Zugabe von Substrat in den feinen Kies gepflanzt werden. Die Bepflanzung sollte dicht erfolgen. Diese Pflanzen entziehen dem Wasser die Nährstoffe, durch regelmäßigen Rückschnitt der Pflanzen wird der Nährstoffentzug unterstützt. Die abgeschnittenen Pflanzenteile finden Verwendung im Kompost oder als Mulchmaterial. Zu den stark zehrenden Wasserpflanzen zählen Kolben- und Binsengewächse und z. B. die Wasserminze. Auf diese Weise kann der Filterteich auch optisch schön gestaltet werden.

Die Reinigung eines kiesbefüllten Filterteichs ist verhältnismäßig einfach zu lösen. Damit eventuell angesammelter Schlamm (am Grund) leichter entfernt werden kann, sollte der Teichgrund in Richtung eines zusätzlichen Auslaufs mit großem Querschnitt abfallen. Am tiefsten Punkt können Sie dazu einen Bodenablauf installieren und diesen mit einem entsprechenden Schlauch oder Rohr verbinden. Nun kann der Schlamm leicht mit einer geeigneten Pumpe und einem Schlammsauger von außen abgesaugt oder herausgespült werden.

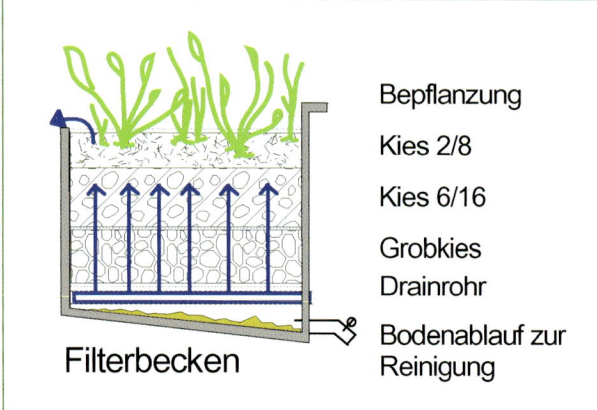

Bepflanzung

Kies 2/8

Kies 6/16

Grobkies
Drainrohr

Bodenablauf zur
Reinigung

Filterbecken

Abb. 1.21 – Prinzipaufbau eines Filterbeckens mit den verschiedenen Filterschichten, Wasserdurchströmung und Reinigungsöffnung.

> Für die Pumpe vom Haupt- zum Filterteich empfiehlt sich eine robuste Pumpe mit Asynchronmotor. Asynchronmotoren können über handelsübliche Leuchtendimmer auf den erforderlichen Durchfluss geregelt werden, wodurch auch der Stromverbrauch reduziert wird.

1.8 Der Gartenteich und seine Möglichkeiten

1.8.4 Ausführung als Fischteich

Ein künstlich gebauter Gartenteich kann sich weitgehend selbst regulieren, wenn er natürlich angelegt wird. Wird das Gleichgewicht z. B. durch starken Fischbesatz verschoben, ist zusätzliche technische Unterstützung nötig, um den Teich sauber zu halten. Fischteiche funktionieren nur dann auf natürliche Art dauerhaft gut, wenn der Teich sehr groß ist. Er muss mindestens 20 m² Wasseroberfläche und Tiefen von mindestens 1,50 m haben oder – bei kleineren Teichen – mit einer Filteranlage ausgestattet sein. Optisch sind Fischteiche für viele Gartenbesitzer nur dann wirklich erlebbar, wenn auffällige Zuchtformen wie z. B. Goldfische oder Kois eingesetzt werden. Die einheimischen Fischarten sind durch ihre Tarnung dagegen optisch kaum erlebbar.

Zierfische wie Goldfische überleben zwar sehr gut auch in kleineren Gartenteichen, wühlen aber bei ihrer Nahrungssuche ständig im Teichgrund und tragen dadurch zur Aufwirbelung und Trübung des Teichwassers bei. Durch die dann erforderlichen Filteranlagen wird der aufgewirbelte und das Wasser trübende Mulm aus dem Wasser herausgefiltert.

Zuchtfische, die in ihrer ursprünglichen Form aus einheimischen Gewässern stammen (z. B. Goldorfen), sind, was das Wühlen anbelangt, angenehmer. Sie wühlen nicht wie Goldfische im Untergrund, sind dafür aber sehr räuberisch und fressen viele nützliche Teichbewohner, stören das Gleichgewicht und reduzieren

> **Mulm**
>
> Als *Mulm* bezeichnet man die Vorstufe des Schlamms, der den Boden des Teichs bedeckt. Der Mulm besteht zu einem großen Teil aus Mikroorganismen, Bakterien und Mineralstoffen und kann auch abgestorbene Pflanzenteile enthalten.

> Sobald Fische im Teich eingesetzt werden und durch Fütterungen und den Kot der Fische zusätzlich Nährstoffe in das Wasser gelangen, sind zur Unterstützung des Gleichgewichts im Teich technische Filteranlagen erforderlich. Noch aufwendigere Filtersysteme werden erforderlich, wenn Fischzucht betrieben werden soll.

die Vielfalt im Teich, was für die dauerhafte Funktion abträglich ist.

Für den Fischteich sollte also schon in der Planungsphase ein Filtersystem vorgesehen werden. Dies kann sowohl ein zusätzlicher Filterteich als auch eine technische Filteranlage sein. Bezüglich der Filteranlagen finden Sie später im Buch Informationen.

1.8.5 Was ist ein Schwimmteich?

Ein Schwimmteich ist ein großer Teich zum Baden und Schwimmen, der aber mit wenig Technik auf natürliche Weise gereinigt wird. Er ist somit eine Verschmelzung aus Swimmingpool und ökologischem Gartenteich. Der Schwimmteich hat die attraktive Erscheinung eines natürlichen Gewässers mit Bepflanzung und kann für Ihren Badespaß auf eine dauerhaft klare Wasserqualität optimiert werden.

Zudem ist auch das Wasser eines Schwimmteichs „weicher" und angenehmer als das in gechlorten Becken. Im Gegensatz zum Swimmingpool ist dieser Teich auch bei schlechtem Wetter frei von unschönen Abdeckungen und im Winter ein schönes Element im Garten. Er eignet sich bei entsprechender Eisdicke und einer darauf ausgelegten Folienbefestigung am Rand sogar zum Schlittschuhlaufen. Die Gestaltungsmöglichkeiten beim Schwimmteich sind vielfältig.

Die Größe ist auch davon abhängig, wie viel Platz zur Verfügung steht. Die Reinigung erfolgt durch Pflan-

1.8 Der Gartenteich und seine Möglichkeiten

zen und Mikroorganismen. Bei einer richtigen Pflanzenauswahl entsteht ein funktionierender biologischer Kreislauf, sodass sich der Schwimmteich weitgehend von selbst reinigt. Die Oberfläche des Regenerationsbereiches sollte genauso groß wie die des Schwimmbereichs sein. Der für die Reinigung zusätzliche Filterteich sollte 10 % des Wasservolumens des Schwimm-

bereichs fassen können und muss in direkter Verbindung mit ihm stehen (Wasseraustausch mit kleiner Teichpumpe, kann auch eine Solarpumpe sein). Je besser die natürliche Reinigung funktioniert, desto weniger kostenintensive Teichtechnik ist erforderlich.

Als Teichsubstrat kann Kies in einer Körnung von 1 bis 8 mm als ca.20 cm hohe Schicht eingebaut

werden. Dort können sich Mikroorganismen ansiedeln, die zur Teichreinigung beitragen. In einen großen Schwimmteich können sogar Fische eingesetzt werden, in einen kleinen eher nicht, da sie zusätzlich das Wasser belasten. Als Fischart eignet sich beispielsweise der Gründling (Schwarmfisch).

Achten Sie darauf, dass der Rand des Schwimmteichs ausreichend stabil ist und nicht abrutschen kann. Die Konstruktion eines Schwimmteichs wird wesentlich stärker beansprucht als ein normaler Gartenteich. Dies ist auch bei der Auswahl der Teichfolie zu berücksichtigen. So sollte im Schwimmbereich eine mindestens 1,5 mm dicke Teichfolie, z. B. eine EPDM-Kautschukfolie, verwendet werden.

Abb. 1.22 – Schwimmteich mit Überlaufeinrichtung in ein weiteres Reinigungsbecken

1.9 Kleintiere im und um den Teich

Betrachtet man einen Wassertropfen unter dem Mikroskop, entdeckt man darin viele kleine Lebewesen. Man kann davon ausgehen, dass in einem Wassertropfen eines Gartenteichs über eine Million Kleinstlebewesen enthalten sind. Sie alle tragen dazu bei, dass die natürlichen Prozesse der Umwandlungen ständig durchgeführt werden. Pflanzen und Tiere bilden eine Gemeinschaft, mit deren Hilfe das Leben im Teich funktionieren kann.

Neben den mit bloßem Auge nicht sichtbaren hilfreichen Bakterien, Krebschen und anderen Kleinstlebewesen tragen auch die sichtbaren größeren Tiere am Teich sowohl zum Funktionieren des Gleichgewichts als auch zu unserer Freude bei. Nachfolgend werden einige bekannte Tiere des Gartenteichs beschrieben.

1.9.1 Wasserschnecken

Wasserschnecken sind nützliche Tiere im Gartenteich. Sie ernähren sich von Algen, kleinen Wasserpflanzen und toten Wassertieren. Auf der Zunge haben sie eine Art Reibplatte, die mit vielen kleinen „Kalkzähnchen" besetzt ist. Damit raspeln sie den Algenbelag von Pflanzen und Steinen ab.

Die meisten Schneckenarten sind zweigeschlechtlich, also Zwitter. Sie legen eine Anzahl ihrer befruchteten Eier in einem Schleimpaket an Pflanzen ab, aus denen wenig später die Jungen schlüpfen.

Im Süßwasserteich gibt es mehrere Arten:

- Schlammschnecke
- Sumpfdeckelschnecke
- Posthornschnecke

Abb. 1.23 – Posthornschnecke beim Vertilgen der Algen.

Die Schlammschnecken kommen zeitweise zum Atemholen an die Wasseroberfläche. Sie atmen also wie die Posthornschnecken durch eine Lunge. Die Sumpfdeckelschnecke dagegen muss zum Atmen nicht an die Oberfläche kommen. Sie entnimmt dem Teichwasser den Sauerstoff, atmet also mit Kiemen. In größeren, mit Fischen besetzten Teichen gehört die Sumpfdeckelschnecke zum natürlichen Nahrungsangebot einiger Fische wie z. B. der Schleie (Tinca tinca).

1.9.2 Frösche und Kröten

Wenn sich der Teich von den Voraussetzungen her anbietet, kommen Frösche und Kröten von alleine und legen auch den Laich darin ab. Die aus dem Laich ausgeschlüpften Kaulquappen entwickeln sich – sofern sie überleben – zu erwachsenen Fröschen und Kröten, die dann immer wieder zu diesem Teich zurückkehren.

Amphibien halten in kalten Wintern Winterruhe. Dann suchen die Frösche und Kröten frostsichere Verstecke wie etwa Holz- und Laubhaufen oder Erdhöhlen auf. Sie können auch, wie einige Wasserfrösche, unter Wasser überwintern. Dabei halten sie keinen Winterschlaf, sondern verbringen eine Zeit der Ruhe, bei der die Aktivitäten stark herabgesetzt sind. Wird es im Winter zwischendurch warm, kann es sein, dass die Tiere aus ihren Verstecken kommen.

Im Frühjahr, wenn das Eis schmilzt und das Wasser sich mehr und mehr erwärmt, erwachen die Frösche aus ihrer Winterruhe und kommen an die Wasseroberfläche. Die Erdkröten erscheinen meist Ende Februar, in milden Wintern auch etwas früher.

Die Wanderung der Amphibien beginnt, je nach Witterung, Ende Februar bis Anfang/Mitte März. Bei mildem Wetter werden die Tiere aber schon früher aus ihren Verstecken gelockt.

1.9.3 Molche

Auch Molche siedeln sich von alleine an einem Naturteich an. Ist der Teich stark mit Fischen besetzt, werden sich die Molche darin weniger wohlfühlen.

Molche sind wechselwarme Tiere, d. h., je wärmer es ist, desto schneller können sie sich bewegen. An sehr warmen, sonnigen Tagen, wenn sie sich für einige Zeit im Sonnenschein aufgewärmt haben, können sie fast so schnell laufen wie Eidechsen.

Den Winter verbringen Teichmolche in frostfreien Verstecken, manchmal tief eingegraben und meist in

Abb. 1.24 – a) Kröte auf Wanderschaft, **b)** Frosch im Teich.

Achtung

Alle einheimischen Amphibien stehen unter Naturschutz. Das Fangen von Fröschen, Kaulquappen oder die Entnahme von Laich aus jeglichen Gewässern ist deshalb verboten!

1.9 Kleintiere im und um den Teich

Abb. 1.25 – Teichmolch auf einer Kinderhand Quelle (1)

Abb. 1.26 – Bei kleineren Teichen können wir diese beiden Libellenarten antreffen. Quelle (1)

der Nähe des Teichs. Oft überwintern jedoch die Tiere auch im Schlamm am Grund des Teichs. Larven, die sich bis zum Winteranfang nicht verwandelt haben, müssen in jedem Fall im Teich überwintern. Fast alle Molcharten sind erst nach zwei bis drei Jahren ausgewachsen und fortpflanzungsfähig. Die Länge erwachsener Teichmolche schwankt, je nach Art und Verbreitungsgebiet, zwischen 60 und 110 mm. Die Lebenserwartung könnte bis zu 20 Jahre betragen, endet aber meistens bereits nach der Hälfte der Zeit.

1.9.4 Libellen

Libellen legen ihre Eier unter Wasser ab. Die Libellenlarven entwickeln sich bis zu vier Jahre lang unter Wasser, bevor sie sich an einem Pflanzenstängel über dem Wasser verpuppen. Sie leben nur einen Sommer, um sich zu vermehren. Die Larven sind sehr gefräßige und aggressive Räuber. Insgesamt gibt es noch etwa 70 verschiedene Arten, von denen Sie aber nur einige wenige an Ihrem Teich antreffen werden.

1.9.5 Wasserkäfer

Viele Wasserkäfer unserer einheimischen Gewässer sind leider in den letzten Jahren fast ausgestorben oder wurden ausgerottet. Aus Unkenntnis werden auch heute noch alle Käfer und ihre Larven als angebliche Fischräuber von Fischteichbesitzern erbarmungslos verfolgt und getötet. Wasserkäfer siedeln sich dauerhaft an, wenn wenige oder keine Fische im Teich sind. Die Fische sind die Feinde der Wasserkäferlarven.

Gelbrandkäfer (Dytiskus marginalis)
Der Gelbrandkäfer ist einer der größten einheimischen Schwimmkäfer und wird fälschlich als Fischmörder gesehen. In Teichen und Seen übernimmt er die Aufgabe der Gesundheitspolizei, denn neben kleineren Wasserbewohnern frisst er die kranken oder gestorbenen Fische. Er frisst auch die Fische, die an einer der sehr vielen, nicht heilbaren Fischkrankheiten erkrankt sind.

1.9 Kleintiere im und um den Teich

So verhindert der Gelbrandkäfer, dass sich andere Fische anstecken.

1.9.6 Teichmuscheln

Teichmuscheln können Schwebstoffe aus dem Wasser filtern und sind somit ein biologischer Filter im Gartenteich. Die Teichmuschel gräbt sich in den Boden (Substrat) ein, sodass dann nur noch ein kleiner Teil aus dem Boden herausragt. Allerdings brauchen die Muscheln zum Überleben einen biologisch einwandfreien Teich. Manche Arten leben auch in Symbiose mit bestimmten Fischarten. Ist das Wasser klar, finden die Muscheln kaum noch Nahrung und verhungern. Sind zu viele Muscheln im Teich und das Wasser wird klar, sollte dringend ein Teil der Muscheln herausgenommen und an einen anderen Teichbesitzer weitergegeben werden.

1.9.7 Schildkröten

Es ist zwar sehr verlockend, Schildkröten im Gartenteich anzusiedeln, doch sollten Sie bedenken, dass Wasserschildkröten große Räuber sind und alles fressen, was sich im Teich befindet. Sie müssen daher gefüttert werden und belasten das Wasser stark durch Kot und Futter. Weiterhin können sie bei einer Übersiedlung

in einheimische Gewässer überleben und dort großen Schaden anrichten, indem sie den natürlichen Teichbestand ausrotten. Daher ist abzuraten, Schildkröten im Gartenteich einzusetzen.

1.9.8 Fische

Wenn Sie, bitte wohlüberlegt, Fische in den Teich einsetzen möchten, sollten Sie eine gute Auswahl der Arten treffen. Allein die optische Wirkung der Fische im Teich reicht als Auswahlkriterium nicht aus. Sie sollten besser danach auszuwählen, ob die Fische auch zueinander und zur Teichgröße und -art passen. Um etwa große Kois zu pflegen, muss der Teich mindestens 100 cm tief und ausreichend groß sein. Manche Arten vermehren sich sehr schnell oder sind gar räuberisch. Daher sollten Sie den Fischkauf nicht überstürzen und sich vorher gut informieren bzw. beraten lassen.

Wenn möglich, sollten die Fische ohne zusätzliche Fütterung im Gartenteich leben können.

1.9.9 Goldfisch (Carassius auratus auratus)

Der Goldfisch ist der bekannteste und beliebteste Teichfisch. Es sollten nur kleine Tiere (6 – 8 cm) eingesetzt werden, damit diese sich an die natürliche Futtermenge im Teich anpassen können. Goldfische können in großen Teichen bis über 40 cm groß werden. Der graue Jungfisch färbt sich innerhalb von ca. 10 – 15 Monaten zum roten, erwachsenen Tier um. Aber nicht bei allen Tieren geschieht dies. Einige bekommen weiße Flossen, andere ein weißes Gesicht und wiederum andere einen weißen Körper oder eine Mischung aus den beschriebenen Formen.

> Das Teichvolumen und die Anzahl der Teichmuscheln müssen in einem guten Verhältnis stehen. Als Faustformel gilt: Bei trübem Wasser sollte maximal eine Teichmuschel auf 1 m³ (1.000 Liter) Wasser kommen. Ist das Wasser klar, erhöht sich das Verhältnis auf etwa das 5-fache, also maximal eine Muschel auf 5 m³ Wasser. Wenn ein Filtersystem und/oder eine UV-Lampe am Teich verwendet wird, dürfen keine Muscheln eingesetzt werden. Diese filtern das Futter der Muscheln heraus, was dazu führen würde, dass die Muscheln verhungern.

> Bei Fischbesatz muss das Verhältnis von Teichvolumen und Anzahl der Fische in einem guten Verhältnis zueinander stehen.

Faustregel

Ein Mindestteichvolumen von 2 m³ (2.000 Liter) sollte vorhanden sein und es sollten pro 1 m³ (1.000 Liter) Wasser nicht mehr als 2-3 Fische mit einer maximalen Länge von ca. 6 cm eingesetzt werden. Bei kleineren Fischarten können entsprechend mehr Exemplare verwendet werden. Bei Moderlieschen z. B. können es ca. 5 – 6 Fische pro 1.000 Liter Teichwasser sein.

Abb. 1.27 – Fische für den Gartenteich **a)** Goldorle, **b)** Bitterling, **c)** Elritze. a) + b) Quelle (3)

1.9.10 Moderlieschen (Leucaspius cephalus)

Moderlieschen schwimmen meist dicht unter der Wasseroberfläche. Da sie Schwarmfische sind, sollten mindestens 10 kleine Fische eingesetzt werden. Sie werden bis zu 9 cm groß und können sich sehr stark vermehren. Wird nicht gefüttert, stellt sich ein Gleichgewicht ein, auch wenn im Winter Fische sterben. Wenn es ohne zusätzliche Fütterung nach einem Sommer einige Hundert Fische sind, ist es kein Problem, da der Teich sie ernährt hat. Im Winter sterben eventuell etliche und der Kreis schließt sich wieder im Sommer.

1.9.11 Graskarpfen

Der Graskarpfen ist ein hervorragender Algenvertilger und frisst vor allem Fadenalgen und Pflanzenreste. Er kann auch in mittelgroßen Teichen über 30 cm groß werden. Dies ist aber kein Problem, wenn er als kleiner Fisch (max. 8 cm) eingesetzt wurde. Wenn der Teich groß genug ist, sollten mindestens drei Fische eingesetzt werden.

1.9.12 Gründling

Der Gründling ist ein sehr nützlicher und scheuer Fisch. Er hält sich gerne auf sandigem Grund auf, den er dann auch sauber hält. Er muss nicht gefüttert werden und sucht seine Nahrung im Bodengrund, den er ständig leicht aufwühlt. Dadurch bildet sich kaum Bodenschlick und das Absaugen des Schlamms entfällt. Der Gründling eignet sich gut für den Schwimmteich. Es sollten mindestens drei Fische eingesetzt werden.

1.10 Pflanzen am und im Wasser

Die Auswahl an Wasserpflanzen ist ausgesprochen groß: Man unterscheidet zwischen Unterwasserpflanzen, Schwimmpflanzen sowie Pflanzen für tiefes, seichtes und flaches Wasser. Es sollten aber nicht zu viele Pflanzen eingesetzt werden, denn manche Wasserpflanzen wie etwa die Seerose haben ein starkes Wachstum.

Für flache Gewässer eignen sich u. a.: Blaugrüne Binse, Brennender Hahnenfuß, Fieberklee, Froschlöffel, Schwanenblume, Strauß- und Goldfelberich/Münzkraut (Lysimachia), Sumpfdotterblume, Sumpfvergissmeinnicht und Wasserschwertlilie.

In seichten Gewässern fühlen sich wohl: Igelkolben, kleinere Teichrosen, Pfeilkraut, Rohrkolbenarten, Seesimse, Wasserminze und Zungenhahnenfuß.

Für tiefes Wasser empfehlen sich: Große Teichmummel, Seekanne, Seerose (artenabhängig), schwimmendes Laichkraut und Wasserknöterich.

Zu den Schwimmpflanzen gehören z. B.: Froschbiss, Wasserlebermoos und Krebsschere.

Typische Unterwasserpflanzen sind: Hornblatt, Nadelkraut, Nadelsimse, Wasserhahnenfuß, Wasserquirl, Wasserstern und Tausendblatt.

Mehr über die Pflanzenarten und deren artengerechte Verwendung finden Sie in Kapitel 6 „Pflanzen selbst auswählen und einsetzen".

Abb. 1.28 – Sumpfdotterblume in voller Blüte im Frühjahr

1.11 Ökotipps

Damit ein künstlich angelegter Gartenteich als ökologisches System funktionieren kann, sollten Pflanzen und Tiere in ihrer Art, Größe und Anzahl so aufeinander abgestimmt sein, dass sich ein Gleichgewicht auch über einen längeren Zeitraum ohne jegliche Eingriffe erhalten kann. Eine große Anzahl von gleichzeitig wirkenden und voneinander abhängigen Organismen ist nötig, um ein solches biologisches Gleichgewicht über einen längeren Zeitraum aufrechtzuerhalten. Das Zusammenspiel ist so komplex, dass viele Zusammenhänge bisher nur ungenügend erforscht sind. Im Folgenden einige Erfahrungen und bekannte Parameter, die dazu beitragen, dass ein Gleichgewicht möglich ist:

- Die Bedingungen für ein ökologisches System werden umso leichter erfüllt, je größer ein Teich ist.
- Auch im kleinsten Teich wird sich ein ökologisches Gleichgewicht einstellen, wenn man ihn (nach der Bepflanzung) sich selbst überlässt und nicht versucht, ihn mit Tieren zu besiedeln, die nicht in ein Kleingewässer gehören (z. B. exotische Amphibien, Schildkröten oder Fische).
- Die Größe spielt dann eine untergeordnete Rolle, wenn der Teich ausreichend tief ist, damit das Wasser in kalten Wintern nicht bis zum Grund durchfrieren kann. Außerdem ist dafür zu sorgen, dass das Gewässer nicht austrocknet.
- Für den Frostschutz reicht normalerweise – in nicht zu kalten Gegenden – eine Tiefe von mindestens 80 cm bis zum Grund an der tiefsten Stelle aus. Daraus ergibt sich auch eine Mindestgröße für den Teich, die nicht unterschritten werden sollte.
- Der Teichrand sollte ähnlich gestaltet sein wie die Teichränder natürlicher Still- bzw. Kleingewässer in der Umgebung (soweit überhaupt noch vorhanden).
- Heimischen Wasser- und Sumpfpflanzen sollte der Vorzug gegeben werden. Sie dürfen jedoch nicht aus der Natur entnommen werden. Den heimischen Pflanzen ähnliche oder zumindest gleichwertige winterfeste Arten sind meist in Wasserpflanzengärtnereien zu bekommen.
- Auf exotische, Wärme liebende Wasserpflanzenarten sollte man verzichten, denn sie gehen im Winter ein und belasten so das Wasser zusätzlich. Alternativ müssten sie in einem warmen Zimmer überwintert werden.
- Ein natürliches Gleichgewicht wird durch Einsatz chemischer oder technischer Hilfsmittel gestört.
- Alle technischen oder chemischen Hilfsmittel (z. B. Filteranlagen, Springbrunnen, Umwälzpumpen, UVC-Geräte oder Algenkiller) sind meist nicht nur überflüssig und kostenintensiv, sondern können sogar schädlich sein, denn sie zerstören die Mikrofauna und Mikroflora und damit das biologische Gleichgewicht.
- Fische kommen aufgrund ihrer Größe und ihres Nahrungsbedarfs normalerweise in keinem natürlichen Kleingewässer vor und sollten deshalb auch nicht in einen naturnahen Gartenteich eingesetzt werden.
- Das Einsetzen heimischer Tiere wie z. B. Amphibien ist zwecklos und der Fang in natürlichen Gewässern obendrein streng verboten. Die Tiere finden sich von selbst ein und bleiben, wenn ihnen die Voraussetzungen entsprechen.
- Aus fremden Ländern (auch Europas) stammende Frosch- und Schwanzlurche dürfen wegen der Vermischungsgefahr mit heimischen Arten und den sich daraus ergebenden schädlichen Folgen nicht in Gartenteiche eingesetzt werden.
- Viele Fische vermehren sich trotz schlechtester Bedingungen mangels Feinden unkontrolliert. Sie bevorzugen selbst bei bester Fütterung mit Trockenfutter das Lebendfutter aus dem Teich. Dadurch können gleich mehrere Glieder der Nahrungskette vernichtet werden, was das ökologische Gleichgewicht zerstört.

1.12 Umgestaltung eines vorhandenen Teichs

Haben Sie bereits einen Teich, der entweder vergrößert werden soll oder bisher nur ungenügend funktioniert hat, stellt sich die Frage, ob er komplett zurückgebaut werden soll und man die Dichtungsmaterialien entsorgt, oder ob er in eine neue Teichkonzeption integriert werden kann.

Beim kompletten oder teilweisen Rückbau sind Kleintiere und ausgewählte Pflanzen vorübergehend in einer alten Badewanne oder Ähnlichem zu versorgen. Entsteht der neue Gartenteich an einem neuen Platz, können die Pflanzen und Kleintiere nach Fertigstellung umgesiedelt werden.

Vom Anbau und Ankleben weiterer Teichfolie sei abgeraten. Besser ist es dann, die alte Folie herauszunehmen und zu entsorgen und eine komplett neue Teichdichtung einzubauen. Der vorhandene Teich kann auch mit einer zusätzlichen Sumpfzone entsprechend des in diesem Buch beschriebenen dualen Systems erweitert werden.

Möglicherweise kann der vorhandene Teich auch als Filterbecken genutzt werden. Dazu sollte der neue Teich möglichst unterhalb des vorhandenen Teichs angelegt werden, damit das überlaufende Wasser des als Filterbecken umgebauten alten Teichs in den neuen Hauptteich gelangen kann.

2 Teichbaumaterialien, Auswahlkriterien, Vorplanung

41

Der nächste Schritt zum eigenen Gartenteich ist die konkrete Vorplanung und die damit einhergehende Materialauswahl. Je nachdem, wie der vorhandene Untergrund beschaffen ist, wird für einen Gartenteich eine mehr oder weniger künstliche Abdichtung erforderlich sein.

Neben Abdichtungsmaterialien wie Ton und Beton gibt es für den

Selbstbauer praktikablere Möglichkeiten, die Teichdichtung selbst einzubauen. Zum einen werden Teichschalen angeboten, zum anderen gibt es im Handel eine große Auswahl an flexiblen Teichdichtungsfolien. Die möglichen Materialien werden nachfolgend in ihrer Art und Anwendung beschrieben.

Die Wahl der richtigen Materialien
Bei der Planung des Gartenteichs ist es wichtig, das passende Material zu wählen. Als Entscheidungshilfe sollten Sie folgende Punkte beachten:

- Langlebigkeit
- Dichtigkeit
- Sicherheit

- Gestaltungsmöglichkeiten
- Pflege und Reparaturmöglichkeit
- ob das Material für die Verwendung im Eigenbau geeignet ist

Neben einem vorgeformten, fertigen Becken oder einer flexiblen Dichtungsbahn benötigen Teichbauer jede Menge Sand, Schaufeln, möglichst viele Helfer, eine Wasserwaage – oder noch besser – eine Schlauchwasserwaage und einen Meterstab. Zunächst müssen die einzelnen Zonen mit feinem Sand markiert werden. Je nachdem, ob der Teich aus Folie oder einem vorgefertigten Becken entstehen soll, sind die Umrisse zu markieren. Anschließend werden die Tiefen der einzelnen Zonen ausgemessen und markiert.

2.1 Gute und dauerhafte Möglichkeiten der Abdichtung

Auf den ersten Blick sehen sich die angebotenen Teichfolien meist sehr ähnlich. Entscheidend für die Haltbarkeit und die dauerhafte Verwendung sind aber die Zusammensetzung und die Inhaltsstoffe der Materialien. Der Preis allein ist bei der Auswahl ein schlechter Ratgeber. Entscheidend sind Haltbarkeit, gute Verarbeitbarkeit und Inhaltsstoffe, die dem Teichleben nicht schaden.

Sehen Sie sich den Ratgeber in Kapitel 9.2, „So testen Sie die Qualität", bezüglich der Qualitätshinweise an, bevor Sie sich für ein Produkt entscheiden. Damit können Sie sich viel Geld und Ärger ersparen. Schleuderpreise sind oft nur bei schlechter Qualität möglich oder die Materialien enthalten problematische Gifte (z. B. Cadmium).

2.2 Teichschalen und Fertigbecken

Übliche vorgefertigte Becken aus Kunststoff sind meist nur für Wassertiefen bis zu 1 Meter erhältlich und im Selbstbau auch nur bis zu einem Durchmesser von bis zu 3 Metern geeignet. Die Uferausbildungen sind in der Regel für ein gut funktionierendes Wasserbecken zu steil und zu klein.

Fertigbecken können in Ausnahmen sinnvoll sein, z. B. dann, wenn für einen Gartenteich oder zum Bau eines Miniwassergartens, eines Balkon- oder eines Terrassenteichs nur wenig Platz zur Verfügung steht.

Der Fachhandel bietet vielfältige Formen und Größen aus PE, GFK oder festem schwarzem PVC an.

PE(Polyethylen)-Becken werden in Tiefziehtechnik hergestellt. Dadurch sind Teile der Schale gedehnt und damit dünnwandiger als andere. Entscheidend für die Dichtigkeit ist die dünnste Stelle.

Größere Becken werden aus GFK (glasfaserverstärkter Kunststoff) im Laminierverfahren hergestellt. Je nach Situation werden die Becken in der Fabrik vorgefertigt oder vor Ort hergestellt. Eine gute Verarbeitung erfordert hohes Können und hochwertige Kom-

a)

b)

c)

Abb. 2.1 – a) Teichschale, **b)** Randausrichtung mit Setzlatte und Wasserwaage, **c)** seitliches Einschwemmen mit Sand und Wasser. Quelle (1)

ponenten. Für den Selbstbauer ist der Eigenbau nicht zu empfehlen.

Die Fertigbecken erwecken zunächst den Eindruck, beim Teichbau viel Arbeit zu sparen und eine sichere, dichte und dauerhafte Konstruktion zu bieten. Doch dieser Eindruck täuscht, zumindest was die optische Einbindung und die Teichfunktion anbelangt. Denn der Rand der Fertigteiche lässt sich optisch kaum einbinden und außerdem haben die Becken meist keine ausreichende Flachwasserzone im Bereich bis zu 40 cm Tiefe. Somit kann sich eine biologische Selbstreinigung kaum aufbauen, womit ein aufwendiges Filtersystem erforderlich wird. Weiterhin ist die Tiefwasserzone oft unzureichend, d. h., der tiefe Bereich von 1 m ist selten ausgebildet. Das Ergebnis: Fertigteiche können meist als diese erkannt werden und erfordern in der Regel jahrelang einen hohen Pflegeaufwand.

Entscheiden Sie sich aber dennoch für einen Fertigteich, erhalten Sie nachfolgend einige Hinweise zum Einbau.

Grundsätzlich sollte die Grube knapp zehn Zentimeter breiter und tiefer ausgehoben werden, als die Außenabmessungen des Fertigbeckens sind. Bevor dieses eingesetzt wird, muss der Untergrund glatt mit Sand ausgefüttert werden, damit der Teich später auch wirklich gerade und stabil steht. Ist das Becken eingebaut, sollte geprüft werden, ob der Boden vollflächig aufsitzt und der Rand sich in der Waagerechten befindet (Wasserwaage). Schließlich soll der Wasserpegel später überall gleich hoch sein. Im nächsten Schritt können Sie das Becken bis zu einem Drittel mit Wasser befüllen, bevor der Zwischenraum zwischen Erdreich und Beckenwandung eingeschlemmt werden kann. Mit viel Sand und Wasser werden dann von den Seiten

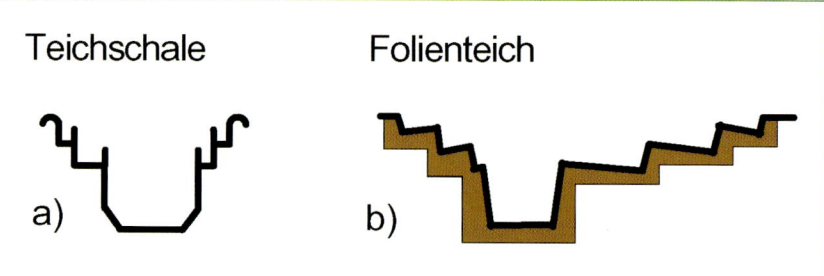

Abb. 2.2 – Vergleich: **a)** Fertigteich, **b)** Folienteich

aus alle Hohlräume aufgefüllt. Die Bepflanzung sollte, wie beim Folienteich, mit steigendem Wasserspiegel erfolgen. Zum Schluss kann das Wasser ganz eingelassen werden.

Teichbecken einbauen in der Übersicht:

- Teichbecken auf den geplanten Standort Ihres Teichs stellen.
- Umriss markieren (z. B. mit Sand oder Sägespänen).
- Grube entsprechend der Teichform ausheben (seitlich und am Boden ca. 10 cm zugeben).
- Boden der ausgehobenen Grube mit etwa 10 cm Sand bedecken.
- Teichbecken einsetzen und zu einem Drittel mit Wasser befüllen.
- Mit der Wasserwaage prüfen, ob das Teichbecken waagerecht positioniert ist.
- Seitliche Hohlräume mit Sand und Wasser einschlämmen.
- Teichbecken komplett befüllen und Pflanzen Zug um Zug einsetzen.

2.3 Dichtungsbahnen, PVC-Folien und Kautschukmaterial

Für die meisten Teichkonzepte sind Folien oder Gummidichtungsbahnen gut geeignet. Flexible Dichtungsbahnen lassen sich gut verarbeiten und haben ein gutes Preis-Leistungs-Verhältnis. Mit Folien können Sie fast jede Teichform und Größe bauen. Ob einen Bachlauf, einen Sumpf, variierende Ufergestaltungen oder Inseln – fast alles lässt sich umsetzen. Das formbare Material der Dichtungsbahnen passt sich jedem Niveau und fast jeder Profilierung an. Teichfolien gibt es im Fachhandel als Rollenware mit unterschiedlichen Materialstärken von 0,5 mm bis über 1 mm. Die Rollenware wird z. B. in Breiten von 2 m, 6 m und 8 m angeboten. Es ist aber auch möglich (und sinnvoll), Sondergrößen zu bestellen, die entsprechend Ihren Angaben vorkonfektioniert werden.

Teichfolien aus PVC

Teichfolien aus PVC (Polyvinylchlorid) sind besonders flexibel, weich und gut zu verkleben. Reparaturen an PVC-Folien sind leicht zu bewältigen. Übrigens: PVC-Folien gibt es in unterschiedlichen Farben (z. B. schwarz und grün). Nachteil: Je nach Qualität erfolgen Ausdünstungen ins Wasser.

Gartenteichfolien aus PE

Gartenteichfolien aus PE sind besonders preiswert und umweltverträglich. Diese Teichfolien sollten in der erforderlichen Größe an einem Stück bestellt und verwendet werden. Reparaturen und Verklebungen sind schwierig und unzuverlässig. PE ist relativ unflexibel und damit in der Verarbeitung für freie Formen schwieriger.

Gartenteichfolien aus Kautschuk (EPDM)

EPDM(Ethylen-Propylen-Dien-Kautschuk)-Teichfolien sind besonders belastbar und ähneln dem Material eines Gummischlauchs. Synthetische Kautschukfolien lassen sich zudem sehr gut verarbeiten und sind besonders für größere Teiche gut geeignet. Das Material hat eine hohe Dehn- und Reißfestigkeit, ist äußerst beständig gegen UV-Strahlung und zu jeder Jahreszeit gut einzubauen. Bei Übergrößen empfiehlt es sich, die Dichtungsfolie – unabhängig vom Material – auf Maß anfertigen zu lassen. Die Mehrkosten sind gering. Dafür sind undichte Stellen, z. B. durch Fehler beim Anschweißen eines weiteren Folienstücks, vermeidbar.

2.3.1 Die richtigen Folienstärken

Die Stärke bzw. Dicke einer Dichtungsbahn sollte mindestens 0,8 mm betragen. Bei dünneren Folien besteht die Gefahr, dass sie durch Wurzeln (Überdehnung) und Mäuse verletzt werden. Wenn Sie in Ihrem Garten viele Mäuse haben, können Sie die Folie mit einem feinen Maschendraht schützen. Dieser muss mit Kunststoff ummantelt sein. Er wird auf das Erdreich verlegt und mit Sand und Vlies abgedeckt. So kann die Folie nicht beschädigt werden. In der Praxis kommt es praktisch nicht vor, dass Mäuse Teichfolien von außen her durchnagen.

Bei qualitativ hochwertigen Teichfolien werden zwei dünnere Schichten vollflächig miteinander verschweißt, wodurch die dauerhafte Dichtigkeit noch besser gewährleistet wird. Die Verwendung solcher Folien ist vor allem dann sinnvoll, wenn eine nachträgliche Teichreparatur nur erschwert möglich ist.

> Die Folie muss dem Wasserdruck und allen mehr oder weniger spitzen Gegenständen innerhalb oder außerhalb des Teichs standhalten. Bei größeren und tieferen Teichen sollten Sie mindestens eine 1 mm dicke Folie verwenden. Bei kleineren Teichen bis 5 m² und 1 m Wassertiefe können auch Folien von 0,8 mm verwendet werden. Dünnere Folien sind dafür nicht zu empfehlen.

2.4 Abdichtung mit dem Naturbaustoff Lehm

Eine weitere mögliche Variante ist, einen Teich aus natürlichem Material zu formen, vor allem dann, wenn lehmhaltiges Material im Garten oder in der Nähe vorhanden ist. Es gibt verschiedene Verfahren. Folgend wird die Variante mit Lehm- oder ungebrannten Tonziegeln erläutert.

Die Tonziegel werden in zwei Schichten überlappend auf dem vorbereiteten Untergrund verlegt und mit Lehmschlempe verfugt. Das Material bleibt unter Wasser dicht und behält seine Struktur bei. Während des Einbaus ist der Lehm feucht zu halten, zur Not durch Abdecken mit einer Folie. Ist die Dichtungsschicht fertiggestellt, sollte sie mit nährstoffarmem Unterboden abgedeckt werden. Wie bei anderen Teichbaumaterialien gibt es auch hier Vor- und Nachteile.

Vorteile: Lehm- oder Tonziegel lassen sich gut formen, was vor allem in den Uferzonen des Teichs besonders schön ist.

Nachteile: Ton hat ein hohes Eigengewicht. Ein Tonziegel von 30 x 30 x 10 cm hat ein Gewicht von

Abb. 2.3 – Großer künstlich angelegter See in Portugal mit Naturdichtung. **a)** Wasserstand im ersten Jahr, Befüllung durch das im Gelände gesammelte Regenwasser **b)** gemauertes Überlaufbauwerk

2.4 Abdichtung mit dem Naturbaustoff Lehm

ca. 20 kg. Ein Quadratmeter Dichtungsfläche wiegt somit 180 bis 200 kg. Die Transportkosten können dadurch hoch sein. Beim Ausschachten muss man die Erde zudem 30 cm tiefer als bei einem vergleichbaren

> **Lehm** und **Tonziegel** sind das natürlichste, aber für Laien auch das schwierigste Material, das besser von Fachfirmen eingebaut werden sollte. So dürfen z. B. bei Wechselwasserstand die Ufer nicht austrocknen, was eine besondere Anforderung an die Ausführung stellt.

Folienteich ausheben. Gerade der Randbereich mit dem Wechselwasserstand ist besonders heikel, denn wenn er völlig austrocknet, bekommt die Lehmschicht Risse und die Dichtigkeit geht verloren.

Bei entsprechend lehmigem Untergrund reicht es, eine Teichgrube auszuheben und evtl. zusätzlich den Randbereich zu verdichten. Früher wurden diese Gruben im lehmhaltigen Bereich ausgehoben und anschließend ein paar Schafe zur Verdichtung der Oberfläche in die Grube getrieben. Diese haben dann mit ihren sehr schmalen Hufen eine hervorragende Verdichtung geschaffen. Heute gibt es dafür Maschinen wie z. B. die *Schafsfußwalze*.

2.5 Wassernachspeisung für den Teich

Bei einem dichten und richtig angelegten Teich („richtig" bezieht sich vor allem auf die Randgestaltung) verdunstet nur im Sommer Wasser aus dem Teich, sodass ab und zu etwas Wasser nachgefüllt werden muss. Dies kann zum einen mit dem Gartenschlauch oder aber auch automatisch erfolgen.

Die automatische Wassernachspeisung kann mit einem Schwimmerventil, wie es in Toilettenspülkästen eingebaut wird, realisiert werden. Im Handel gibt es hierzu auch spezielle Ventile für Brunnentechnik und Wasserspiele. Das Ventil wird entweder direkt mit der Trinkwasserleitung (über eine Rücklaufsperre) gekoppelt und speist immer dann Wasser nach, wenn das Wasserniveau im Teich unter ein einstellbares Niveau abgesunken ist, oder das Nachspeiseventil wird aus einem Regenwasserspeicher gespeist, der möglichst höher steht als der Gartenteich. Des Weiteren kann die Nachspeisung auch aus einer regenwassergespeisten Zisterne erfolgen, hier dann mit Tauchpumpe und Niveauregelung über einen elektrischen Schwimmerschalter im Gartenteich.

2.5.1 Regenwassernutzung mit doppeltem positivem Effekt

Regenwasser kostet nichts und ist, je nachdem, wo Sie wohnen, meist relativ sauber – im Gegensatz zu Trinkwasser aus dem Wasserhahn, das in der Regel chemisch aufbereitet wird (Chlor, Fluor, usw.). Hinzu kommt die Wassertemperatur. Leitungswasser kommt sehr kalt aus der Leitung, was vor allem im Hochsommer einen extremen Temperaturunterschied zum im Gartenteich befindlichen Wasser bedeutet.

Trotzdem gibt es unterschiedliche Meinungen bezüglich der Verwendung des Regenwassers für den Gartenteich. Dies rührt vor allem daher, dass Regenwasser eher einen sauren pH-Wert hat.

Abb. 2.4 – Bespiel eines gebrauchten Nachspeiseventils

So empfiehlt es sich, die Erstbefüllung des Gartenteichs mit Leitungswasser durchführen. Die Nachspeisung kann dann mit Regenwasser erfolgen. So haben Sie immer kostenloses und nährstoffarmes Wasser als Zulauf. Wenn das Regenwasser von Dächern direkt in den Teich läuft, kann es bei anhaltendem starkem Regen vorkommen, dass der Teich überläuft. Dies muss aber kein Problem sein, wenn der Überlauf des Teichs in

2.5 Wassernachspeisung für den Teich

eine wie im Buch beschriebene Sumpfzone führt oder kontrolliert in einen für diesen Zweck gebauten Überlauf- und Sickerbehälter führt. Schlimmstenfalls wird der Überlauf des Teichs über einen Schlammfang in das für das Regenfallrohr vorhandene Abwassersystem zurückgeführt.

Die für das Grundwasser beste Möglichkeit der gezielten Regenwasserableitung ist die Versickerung über einen Sickerschacht. Am Boden durchlässige Rohre oder Betonringe werden unterirdisch eingebaut und mit Kiessand gefüllt. Überschüssiges Regenwasser wird in diesen Sickerschacht geleitet und kann dann langsam in das anstehende Erdreich versickern. Der Abstand zwischen der Oberkante der Sandschicht zum Grundwasser sollte mindestens 1,5 Meter betragen. Die Schachtversickerung kommt vor allem auch dort zum Einsatz, wo das Niederschlagswasser kleiner Dachflächen (z. B. von Einfamilienhäusern) versickert werden soll und wenig freie Grundstücksflächen dafür zur Verfügung steht.

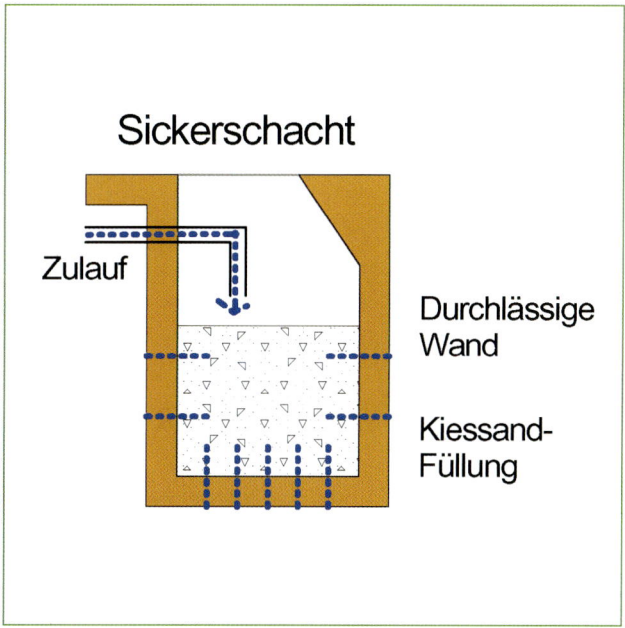

Abb. 2.5 – Konstruktionsprinzip eines Sickerschachts mit Betonfertigteilen

2.6 Teich- und Geländegestaltung bei Höhenunterschieden

Nicht jeder Gartenbesitzer hat ein ebenes Gartengrundstück, bei dem es auf den ersten Blick einfach erscheint, einen Teich anzulegen. Folgend wird die Möglichkeit beschrieben, einen Gartenteich in ein Hanggelände optimal zu integrieren. Bei guter Gestaltung kann sich die Hanglage dann sogar als Glücksfall erweisen, denn sie ermöglicht, dass der anfallende Aushub verwendet werden kann und man ihn nicht abfahren muss. Das Hanggelände kann man z. B. kompensieren, indem man den Aushub des Teichs leicht ansteigend auffüllt, einen Hügel modelliert oder eine Mauer aus Natursteinen oder ähnlichem Material anfertigt.

2.6.1 Gartenteich in schwierigem Gelände

Manch ein Gartenbesitzer glaubt, dass es nicht möglich ist, in einem abschüssigen Garten einen Teich anzulegen. Durch einen Hang sind aber bei kreativer Planung ganz besonders schöne Lösungen für die Teichgestaltung möglich. Es besteht die Möglichkeit, eine Wasserlandschaft über die verschiedenen Höhenebenen zu kreieren. Der Hauptteich muss natürlich teilweise in den Hang hineingearbeitet werden und zur anderen Seite durch Auffüllen und Abstützungen herausgearbeitet werden. Zumindest ist hier das Problem mit dem Bodenaushub bereits gelöst, denn der Aushub kann sofort für die talseitige Auffüllung verwendet werden. Wenn der Hang sehr steil ist, empfiehlt es sich, mehrere Teiche parallel zum Hang zu bauen, die kaskadenartig miteinander verbunden werden können. Dann kann z. B. der oberste Teich als Filterteich angelegt werden.

> Bitte prüfen Sie vor dem Ausgraben mit einer oder zwei Probegrabungen, ob der Hang felsigen Untergrund hat.

Abb. 2.6 – Teichanlage in leicht hängigem Gelände. Bereits beim Ausgraben wird die talseitige Abstützung eingebaut.

2.7 Bachlauf und Wasserfall zur Teicherergänzung

Fließt ein natürlicher Bach durch Ihr Grundstück, kann das ein Glücksfall sein. Trotzdem sollten Sie aus den Erfahrungen, wie sich der Bach z. B. bei Hochwasser, bei der Schneeschmelze und in trockenen Sommern verhält, Schlüsse für Ihre Planung den neuen Gartenteich betreffend ziehen. Im Idealfall können Sie in der Nähe des Bachs Ihren Teich anlegen und einen Teil des Bachs durch den Teich fließen lassen (örtliche wasserrechtliche Belange beachten!). Dadurch gibt es einen ständigen Wasseraustausch und Frischwassernachspeisung.

Möglich ist es aber auch, einen künstlichen Bachlauf anzulegen, der – je nach Lage des Gartenteichs – aus diesem kommt oder in diesen hineinführt. Wenn Sie einen Bachlauf oder einen kleinen Wasserfall mit Ihrem Gartenteich kombinieren wollen, sollten Sie den Bachlauf in einem Zug mit dem Teich bauen. Zuerst den Teich zu bauen und ihn dann später um den Bachlauf ergänzen, schlägt meist fehl.

Weitere Ausführungen zum Bachlauf, zu Wasserfällen, Quellsteinen und Wasserspielen würden ein weiteres Buch füllen. Damit Sie für die Arbeiten am Gartenteich, bezogen auf den Bachlauf, trotzdem die richtigen Entscheidungen treffen können, finden Sie im Kasten die wichtigsten Punkte.

Abb. 2.7 – Einfacher kleiner Bachlauf zur Sauerstoffanreicherung

2.7 Bachlauf und Wasserfall zur Teicherergänzung

Wichtige Kriterien für einen Bachlauf/Wasserfall

- Bachläufe und Wasserfälle leben durch Höhenunterschiede.

- Die Höhenunterschiede können Sie auch künstlich herstellen.

- Der Wasserfall sollte so angelegt sein, dass Sie von Ihrem Lieblingssitzplatz aus frontal darauf schauen können.

- Die Kunst besteht darin, mit möglichst wenig Pumpenleistung einen beeindruckenden Wassereffekt zu erreichen. Das spart Kosten und bringt viel Freude an Ihrem Bachlauf.

- Erreichen können Sie das, indem mehrere richtig dimensionierte kleinere Wasserfälle mit dünnem Wasserschleier in den Bachlauf integriert werden.

- Beeindruckende Wasserschleier erhalten Sie, indem Sie das Wasser des Bachlaufs über flache Überlaufplatten mit einer relativ exakten, waagerechten Abrisskante laufen lassen – so, dass Sie frontal darauf schauen können.

- Das Bachbett sollte sich möglichst weiträumig in die übrige Gartengestaltung verzahnen, sonst entsteht der Eindruck eines Kanals.

- Die Weiträumigkeit können Sie dadurch erreichen, dass sich die linear verlegte Bachfolie durch eine lebendige Steingestaltung optisch mit dem angrenzenden Gelände verbindet.

- Trotzdem sollte die „aktive" Wasserrinne so ausgebildet sein, dass so wenig Wasservolumen wie gerade erforderlich gepumpt werden muss.

- Je breiter das optisch angelegte Bachbett (Steingestaltung), desto weniger besteht die Gefahr, dass die Randbepflanzung aus dem Garten das Bachbett überwuchert.

- Sie sollten darüber nachdenken, was mit dem Bach im Winter passiert oder wenn die Pumpe nicht läuft – vor allem dann, wenn er mit Wasserpflanzen versehen ist, die im Winter vermutlich eingehen werden.

- Sind Wasserpflanzen erwünscht, sollten einzelne Wasserbecken für diese Pflanzen im Bachlauf integriert werden.

- Die Pumpe muss so dimensioniert sein, dass die Leistung für das Filtersystem und den Bachlauf ausreichend ist.

- Bach- und Teichgröße müssen im Verhältnis so sein, dass die Pumpe den Teich nicht leer pumpt, bevor das über den Bach laufende Wasser wieder im Teich ankommt.

Faustregel zur Berechnung der Pumpenleistung bei Bachläufen und Wasserfällen

Pro cm Bachlauf-/Wasserfallbreite benötigen Sie ca.100 l/h gepumptes Wasser am Ursprung.

2.8 Passende Substrate und Pflanzgefäße

Das im Gartenteich verwendete Bodensubstrat entscheidet über das spätere Bioklima und den Algenwuchs im Gartenteich. Das Teichsubstrat muss so nährstoffarm wie möglich sein. Nährstoffe werden im Lauf des Teichlebens genug von außen eingetragen. Für die Herstellung dieses Teichsubstrats eignen sich Lehm und Sand (normaler Bausand) in einer Mischung von je 50 %. Sollten Sie einen Betonmischer haben, kann das Substrat damit gemischt werden. Es geht aber auch mit der Schaufel und von Hand. Der Lehm ist sehr nährstoffarm, aber stark bindend. Durch den Sand bleibt der Boden locker und sowohl die Pflanzen als auch die Kleinstlebewesen können sich ungestört ausbreiten. Die Abstufungen im Gartenteich werden mit dem Substrat befüllt. Nur im hinteren tieferen Bereich, nicht aber auf den vorderen Kanten sollte sich Bodensubstrat befinden. Die vierte Stufe, die z. B. für eine Seerose vorgesehen ist, benötigt kein Bodensubstrat,

da die Seerose in einen Korb gepflanzt wird. Die tiefste Stelle im Teich wird mit maximal 5 cm Bodensubstrat befüllt.

Im Handel angebotene Teicherde ist in der Regel nährstoffarm und damit auch gut als Teichsubstrat geeignet. Weniger geeignet sind Teichsubstrate aus reinem Kies und Sand. Bei der Verwendung großer Kieselsteine, Kies oder reinem Sand dauert es sehr lange, bis sich ein funktionierendes Bioklima im Wasser entwickeln kann. Der Teichcharakter zeigt sich dann ähnlich wie bei frisch angelegten Baggerseen und Kiesgruben. Diese haben zusätzlich noch kaum Pflanzen im Randbereich, was die sterile Ausstrahlung verstärkt. Bei künstlich angelegten Teichen mit einem Substrat aus Kies oder Sand können Pflanzen eher schlecht als recht überleben. Erst wenn eine Verschlammung durch Eintrag organischen Materials (Blätter) eintritt, beginnen sich Kleinstlebewesen und die natürlichen Prozesse im Wasser zu entwickeln. Die Algenproblematik wird in einem solchen Teich über Jahre verstärkt auftreten, da die Wassergemeinschaft versucht, lebendige Strukturen zu schaffen. Je nach Kiesmaterial geben die Steine z. B. Kalk an das Wasser ab, was bei einem Teich, der nur mit Regenwasser gefüllt wurde, sogar positiv sein kann.

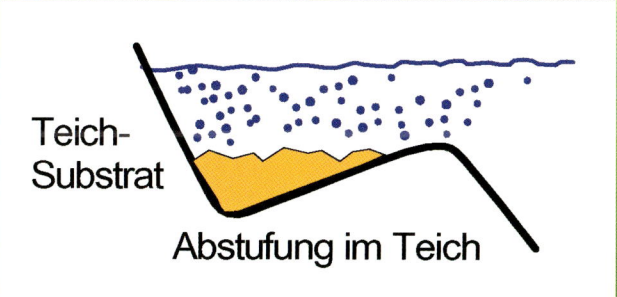

Abb. 2.8 – Befüllung der Abstufungen mit Teichsubstrat. Füllhöhe mit Substrat: Bei der ersten Stufe beträgt die Füllhöhe ca. 15 cm, bei der zweiten, dritten und vierten 10 cm. Die Zonen werden nicht bis oben mit dem Substrat gefüllt.

Ober- oder Mutterboden ist als Teichsubstrat ungeeignet. Bei der Verwendung von nährstoffreichen Böden wird der Teich mit zu vielen Nährstoffen versorgt und vor allem die Algen verbreiten sich dann sehr stark.

2.9   Versorgungsleitungen für Pumpe und Beleuchtung

Für den Betrieb elektrischer Filtersysteme wird eine unterirdische Zuleitung benötigt. Bei der Neuplanung des Gartens kann man die Verlegung gut mit einplanen. Ist der Garten bereits fertig angelegt, kann z. B. der Rasen in einem schmalen Streifen mit einem Spaten entfernt (Rasensoden), ein kleiner Graben ausgehoben und darin das Stromkabel vom Haus aus in einer Kabelschutzhülle verlegt werden. Die Rasensoden können wieder oben aufgelegt, festgedrückt und gut gewässert werden.

Werden Gartenwege und Terrasse neu angelegt, lohnt es sich, die Leitungen für Beleuchtung und Außensteckdosen gleich mitzuverlegen. Wichtig ist auf jeden Fall, ein aus dem Wohnhaus kommendes Stromkabel so abzudichten, dass keine Feuchtigkeit in das Haus eindringen kann.

Das Kabel sollte ein spezielles Erdkabel sein. Optimal ist eine Verlegung im PVC-Leerrohr. Dabei sollten Sie im selben Arbeitsgang einen weiteren Zugdraht mit einlegen (für möglicherweise später einzubringende zusätzliche Kabel). Bei dem Bau eines Gartenwegs bietet es sich an, die Leerrohre unter der Wegtrasse zu verlegen, in die auch später noch Kabel eingezogen werden können. Diese Leerrohre werden am besten in einer Tiefe von 30 bis 50 Zentimetern verlegt.

Verläuft die Kabeltrasse im Erdreich, sollten Sie auf dem Leerrohr oder dem verlegten Erdkabel ein Kabelabdeckband auflegen, damit bei zukünftigen Erdarbeiten sofort ersichtlich wird, dass hier ein Stromkabel liegt.

Das Stromkabel ist je nach Verwendung mit einem ausreichenden Querschnitt zu wählen (z. B. 1,5 bis 2,5 mm²). Im Sicherungskasten des Wohnhauses sollte eine Extrasicherung für die Stromversorgung der gesamten Wassertechnik installiert werden. Zusätzlich kann die Gartenstromversorgung auch mit einem innerhalb des Hauses montierten Hauptschalter aktiviert oder gesteuert werden. Pflicht ist die Installation eines Fehlstromschutzschalters, der die Stromzufuhr bei Fehlströmen in Verbindung mit dem Gartenteich sofort unterbricht.

Im Rahmen der Arbeiten im Umfeld des Gartenteichs sollten Sie daran denken, die Versorgungsleitungen und weiteren elektrischen Elemente für die Stromversorgung der Pumpentechnik und Beleuchtung zu verlegen: Leerrohre, Schalter an den richtigen Stellen, Bewegungsmelder, Absicherungen, wasserdichte Gehäuse z. B. für Pumpensteckdosen und Transformatoren der LED-Beleuchtung.

Achten Sie bei elektrischen Verbrauchern für den Außenbereich auf die Schutzklasse. Im Außenbereich ist für die Beleuchtung mindestens die Schutzklasse IP 44, bei Pumpen und Unterwasserscheinwerfern die maximale Schutzklasse IP 68 erforderlich.

2.10 Welche Maschinen und Werkzeuge Sie brauchen

Der Aushub für die Teichgrube und die Leitungsgräben kann bei kleinen Teichen gut per Hand erfolgen. Wenn Ihnen die Erdarbeiten zu anstrengend sind, holen Sie sich Unterstützung. Mittelgroße Gartenteiche können mit einem Kleinbagger oder einem Profibagger ausgehoben werden. Dieser kann im Baustoffhandel ausgeliehen und meist auch mit einem zusätzlich geliehenen Anhänger zur Baustelle transportiert werden.

Bei größeren Gartenteichen und Geländeumgestaltungen lohnt es sich, bei einer Erdbaufirma nach einem Profibagger mit Baggerfahrer in Kombination mit Abtransport des Aushubs zu fragen und sich für die Aushubarbeiten einen Preis anbieten zu lassen. Dies kann im Endeffekt sogar preiswerter sein als ein geliehener Minibagger. Hierbei sind eine gute Vorbereitung und klare Anweisungen bezüglich des Aushubs, des Teichprofils und der Geländeanschlüsse wichtig. Baggerführer können ihr Gerät meist exakt bedienen. Bedenken sollten Sie dabei, dass Zeit Geld ist und es für einen Profi ein Leichtes ist, einen 20-m²-Teich in etwas mehr als einer Stunde auszuheben und zu profilieren. Bei den Anfragen sollten Sie vorab errechnen, wie viel Erdmaterial bewegt werden soll. Die Angabe kann in m³ oder auch in Tonnen erfolgen. Der Umrechnungsfaktor von einem Kubikmeter (m³) Erdreich zur Tonnenangabe ist 1,7 zu 1. Beispiel: 10 m³ Erdreich haben ein Gewicht von ca. 5,9 Tonnen (10:1,7). Bei der m³-Angabe ist es auch wichtig zu klären, ob es sich um gelockertes Material handelt. Der Lockerungsfaktor beim Ausheben kann bis zu 100 % betragen.

Zur Verdichtung des eingefüllten Aushubs oder des Untergrunds sowie des Unterbaumaterials können Sie sich Rüttelgeräte oder Erdstampfer leihen.

2.10.1 Hinweise und Tipps zum Maschinenleihen

Vergleichen Sie die Leistungen und Preise für die Maschinen. Manche können auch für halbe oder mehrere Tage zu einem Spezialpreis ausgeliehen werden, was für einige Arbeiten Sinn macht. Mitunter erhält man beim Ausleihen eines Geräts den Anhänger zum Transport gratis dazu.

Fragen Sie nach unterschiedlichen Gewichtsklassen für den Bagger und den entsprechenden Leihpreisen, alternativ auch mit Baggerführer. In der Regel können Ihnen die Verleihfirmen auch einen Spezialisten vermitteln, der die Teichgrube nach Feierabend oder am Samstag ausheben kann. Dadurch entfällt für Sie die Einarbeitungszeit in die Bedienung des Baggers und Sie können an der Teichgrube das exakte Aushubprofil angeben.

In den Hauptzeiten im Frühjahr und Sommer ist es sinnvoll, die Maschine mehrere Tage im Voraus zu bestellen bzw. sich reservieren zu lassen.

Bei Geräten mit Verbrennungsmotor sollten Sie vorher erfragen, welcher Kraftstoff erforderlich ist. Bei Zweitaktern (für Kleingeräte wie z. B. Rüttelplatte oder Stampfer) sind spezielle Mischungen aus Normalbenzin und Öl erforderlich. Bei Viertaktern sollten Sie nach dem Ölstand sehen und sich vorher vergewissern, ob Diesel oder Benzin getankt werden muss.

Abb. 2.9 – Kleinbagger für Aushub- und Grabarbeiten

2.10.2 Werkzeuge und Material auf einen Blick

Für die beschriebenen Arbeiten reichen, bis auf wenige Ausnahmen, gartenübliche Werkzeuge aus. Bevor Sie mit den Arbeiten beginnen, besorgen Sie sich die erforderlichen Materialien und sehen Sie auf jeden Fall die vorhandenen Werkzeuge und Maschinen durch.

Materialien:

- Teichdichtungsmaterial (Folie oder Wanne); Folie erst besorgen, wenn die Teichgrube steht!
- Installationsmaterial für Zulauf, Überlauf und Ablauf
- Kleber, Dichtungsmaterialien, Klemmschienen usw.
- Filtermaterialien (bei Filterselbstbau)
- Vlies; erst besorgen, wenn die Teichgrube steht!
- Sand
- Teichsubstrat
- Teichpflanzen, rechtzeitig besorgen, damit sie noch gewässert werden können!
- Wassertechnik wie z. B. Rohre, Leerrohre, Kabel, Pumpe, Unterwasserscheinwerfer

Nützliche Werkzeuge:

- Schnur
- Gartenschlauch
- Schaufel
- Spaten
- Spitzhacke
- Eimer
- Dielen (für Fahrrampen)
- Schubkarre
- Schuttmulde
- Minibagger
- Fäustel oder Vorschlaghammer
- Wasserwaage
- Schlauchwasser- oder Laserwasserwaage mit Stativ
- Geräte zur Folienbearbeitung (Schere, Messer und z. B. Heißluftfön)

Für die Übertragung des Höhenniveaus (Waagerechte) ist die *Schlauchwasserwaage* ein einfaches und hilfreiches Werkzeug im Teichbau. Die Schlauchwasserwaage können Sie im Baumarkt kaufen oder auch aus einem Stück Gartenschlauch selbst anfertigen (siehe Abb. 2.10). Sie besteht aus einem 10 bis 20 m langen, zweckmäßigerweise durchsichtigen Kunststoffschlauch mit einem Innendurchmesser von ca. 10 – 15 mm, an dessen beiden Enden eine Skala und evtl. Entlüftungsventile angebracht sind. Für die Funktionsgenauigkeit ist zu beachten, dass das Wasser (es muss in jedem Fall reines, klares Wasser sein) beim Füllen des Schlauchs so lange überlaufen muss, bis alle Luftblasen ausgetreten sind.

Die Schlauchwasserwaage nutzt das Prinzip der „kommunizierenden Röhren". Werden mit Wasser gefüllte Behältnisse jeweils an der niedrigsten Stelle durch Röhren miteinander verbunden, stellt sich in allen Behältern aufgrund der Schwerkraftwirkung der gleiche Wasserspiegel ein. Für die Anwendung wird das eine Ende der Schlauchwasserwaage an einem Festpunkt angehalten und das andere in der Höhe so lange verschoben, bis sich der Wasserspiegel auf die Höhe des Festpunkts eingestellt hat. Es ist darauf zu achten, dass der Schlauch nicht abknickt, da sonst das Messergebnis verfälscht wird.

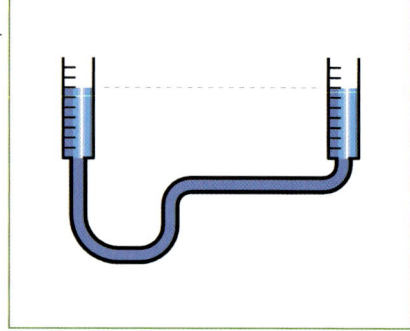

Abb. 2.10 – Das Prinzip der Schlauchwasserwaage ist die kommunizierende Röhre. Dadurch ist der Wasserstand an beiden Enden des Schlauchs exakt gleich hoch (daher der Ausdruck: „Beide Höhenpunkte sind im Wasser").

3 Den Gartenteich bauen, Schritt für Schritt

Die beste Zeit für das Anlegen eines Teichs ist das Frühjahr. Bis Mitte Mai sollte der Teich mit Wasser gefüllt sein. Der späteste Zeitpunkt ist Anfang August.

Die Baumaßnahme sollte gut vorbereitet sein. Am besten organisieren Sie für manche Arbeiten Helfer – und zusammen macht die Arbeit ohnehin mehr Spaß. Bauen Sie Ihren Teich mit Folie, brauchen Sie – je nach Teichgröße – mindestens drei Helfer. Die Schritte in der Übersicht:

1. Teichform mit Sand, Schlauch oder Schnur markieren.
2. Teichzonen von außen nach innen ausheben. Um den Teich einen ca. 15 cm tiefen Graben als Kapillarsperre ausheben.
3. Auf waagerechte Umrandung achten (Höhen waagerecht).
4. Steine und Wurzeln in der Grube entfernen.
5. Teichgrube mit ca. 5 cm feuchtem Sand befüllen und ausformen.
6. Grube mit Teichvlies auslegen.
7. Folienmaß bestimmen.
8. Teichfolie einlegen, Zug um Zug mit Wasser befüllen und bepflanzen.
9. Randbereich gestalten.

3.1 Abstecken und Markieren der Teichumrisse

Entsprechend Ihrer Vorüberlegungen und planerischen Vorarbeiten bezüglich Art und Lage des Gartenteichs werden die Umrisse am geeigneten Platz markiert. Am besten übertragen Sie den Teich aus Ihrer Planskizze in Bezug auf eine gebaute Kante wie eine Hauswand oder eine Mauer. Hierzu eignet sich ein Maßband, eine dicke, auffällige Schnur, ein Seil oder auch ein Gartenschlauch.

Zuerst muss die Außengrenze inklusive Feuchtzone, Sumpfzone, Steinanlage und eines möglichen Bachlaufs abgesteckt werden. Wird der Teich in Hanglage angelegt, kann die Absteckung auch mit Holzpfosten erfolgen, die waagerecht mit einer Schnur verbunden werden. Lassen Sie nun den abgesteckten Teichumriss einige Tage auf sich wirken und schauen Sie sich die Lage und den Umfang aus verschieden Perspektiven Ihres Gartens an. In diesem Zustand lassen sich Umgestaltungen noch mit wenig Aufwand vornehmen. Erst wenn der Platz, die Größe und die Form nach mehreren Tagen endgültig feststehen, sollten Sie mit den Arbeiten fortfahren.

3.1.1 Bezugshöhe übertragen

Je nachdem, wo der Teich angelegt werden soll, gibt es eine zu berücksichtigende Bezugshöhe, z. B. von

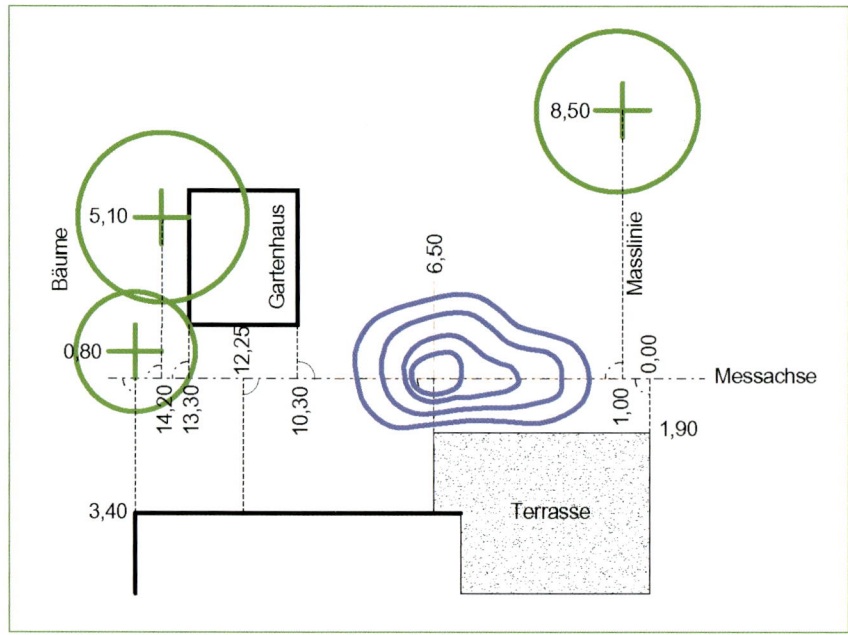

Abb. 3.1 – Übertragung des Teichgrundrisses aus der Skizze in die Wirklichkeit. Die Messachse kann in Bezug zu einer festen Kante (z. B. der Hauswand) stehen.

der vorhandenen Terrasse, bereits angelegten Wegen oder dem Hauszugang. Davon ausgehend werden die Teichhöhen festgelegt. Jetzt gilt es zu entscheiden, ob die Terrasse ein Stück weit über den Teich ragen oder der Weg knapp über dem späteren Wasserspiegel des Gartenteichs liegen soll.

Von der festgelegten Wasserstandshöhe aus werden dann die weiteren Teichabsätze gemessen. Daher ist es sinnvoll, wenn Sie an einem Platz – ganz in der Nähe des Teichrands – einen stabilen Pflock

oder einen Eisenstab einschlagen, an dem die Wasserstandsbezugshöhe angetragen und für die gesamte Bauzeit gesichert wird. Da der Wasserstand meist unter dem vorhandenen Gelände liegt, kann der Höhenbezug auch mit einem Zuschlag von z. B. 1,00 m (100 cm höher) angetragen werden.

3.1.2 Aushubarbeiten

Eine gute Vorbereitung ist wichtig, doch irgendwann kommt dann der Zeitpunkt des Grabens und Aushebens. Bei größeren Teichen ist es auf jeden Fall sinnvoll, einen Bagger einzusetzen, bei einem kleineren Teich (einige Kubikmeter Erdaushub) lohnt sich der Maschineneinsatz meist nicht und die Aushubaktion kann von Hand erfolgen. Jetzt ist Organisationstalent gefragt, denn durch einen schnellen Baggereinsatz können Sie sehr viel Zeit sparen. Möglicherweise gibt es eine Baustelle in der Nähe und der Baggerfahrer kann für eine Stunde „vorbeischauen". Oder Sie fragen bei einer Baufirma nach, ob die etwas

in der Nähe zu tun hat. Baggerfahrer sind meist Spezialisten, die mit ihrem Bagger wahre Aushubwunder vollbringen können. Mit einem professionellen Radbagger ist es für einen Könner möglich, wesentlich exakter zu arbeiten als mit einem Minibagger.

Natürlich stellt sich die Frage, wie der Bagger zu Ihrem Teichstandort kommt. Bei bestehenden Gärten ist alles fertig angelegt und der Bagger würde beim Durchfahren mehr zerstören als helfen.

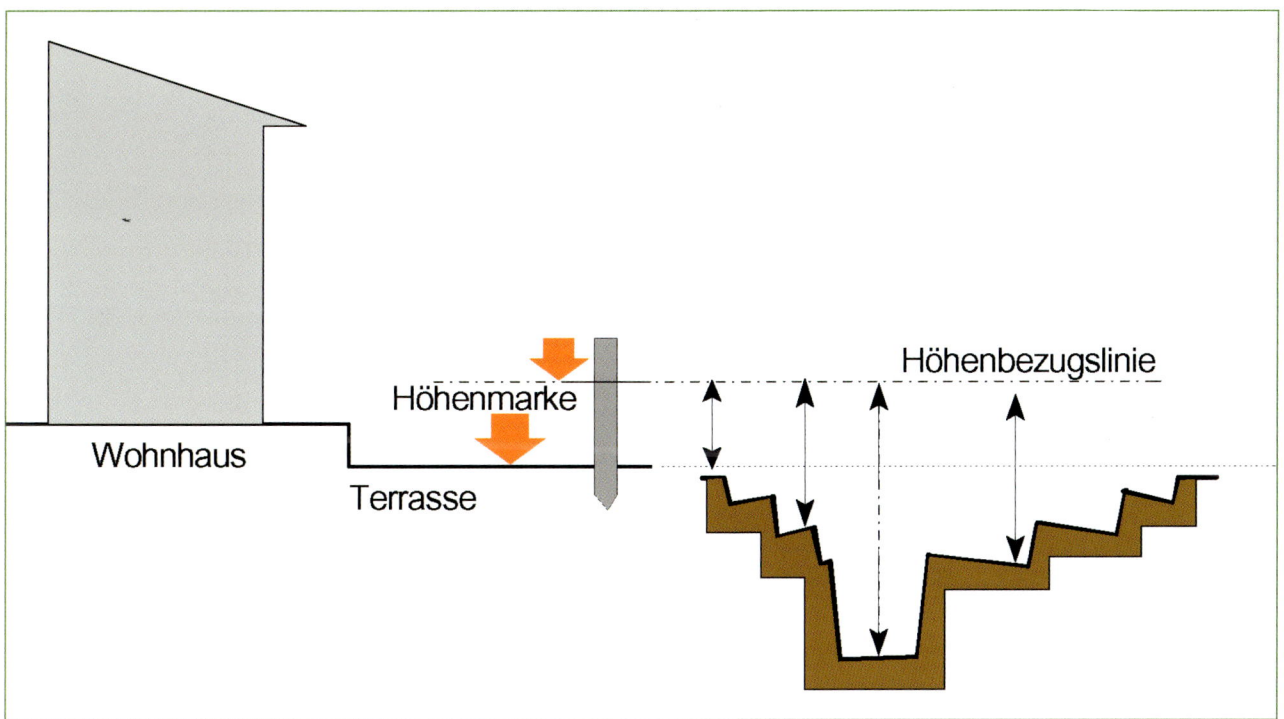

Abb. 3.2 – Höhenbezug und Teichrandhöhe über die waagerechte Höhenbezugslinie einmessen.

3.2 Tiefenzonen mit Sand markieren

Um die verschiedenen Wasserzonen zu gestalten, wird der Gartenteich mit Höhenabstufungen versehen. Die waagerechten Abstufungen werden beim Ausgraben am besten mit dem Spaten an den Kanten schräg ausgestochen und bleiben direkt stehen. Ein nachträgliches Modellieren mit Erde oder Sand ist ungünstig, da beim Verlegen der Folie das Material meist verrutscht.

Ob die Erdterrassen höhengerecht verlaufen, kann mittels einer Richtlatte mit Wasserwaage oder einem mit Wasser gefüllten Schlauch (Schlauchwasserwaage) geprüft werden. Dazu schlägt man am besten einen Holzposten ein, befestigt die Schlauchwasserwaage dort und überprüft die Höhen der Abstufungen rings herum an mehreren Punkten. Jeweils mit einem Holzpflock markieren Sie, wo und wie viel weiter abgegraben werden muss.

Die oberste Schicht des Erdaushubs wird als *Oberboden* bezeichnet. Dieser sollte, seitlich vom Teich-

Abb. 3.3 – Rasensoden und Oberboden abtragen. Quelle (1).

bereich, getrennt gelagert werden (z. B. auf einer Folie). Je nach Gestaltung kann der Oberboden für die Übergänge vom Teich zum bestehenden Gelände später noch verwendet werden. Die Oberbodenschicht ist meist 15 bis 20 cm dick und an der dunklen, durchwurzelten Erde zu erkennen.

Zwischendurch sollten die bereits ausgehobenen Bereiche immer wieder ausgemessen werden, damit am Ende nicht zu viel Erde ausgehoben ist. Bei einem vorgefertigten Becken ist es sinnvoll, es immer wieder probeweise einzusetzen, um zu sehen, ob es passt.

Wenn der Gartenboden eben ist, muss die erste Abtreppung nicht ausgegraben werden. Es werden einfach Grasnarben (Gras nach unten legen) bzw. Erdreich aus der Mitte des Teichs auf den späteren Randbereich des Teichs eingebaut. Somit liegt der Wasserspiegel des Teichs etwas höher als der umgebende Gartenbereich, was einiges an Grabarbeiten erspart. Dies hat auch den Vorteil, dass die Randzone (Sumpfzone) vom Wasserspiegel her gesehen tiefer als der Hauptteich angelegt werden kann (siehe *Duales System*).

Die erste Terrasse besitzt eine Aushubtiefe von 10 – 15 cm und

Tipp

Nach dem Abtrag der obersten Erdschicht (Oberboden) zuerst mit der tiefsten Zone anfangen und sich zum Rand hin vorarbeiten.

3.2 Tiefenzonen mit Sand markieren

Abb. 3.4 – Überprüfung der Höhen mittels Schnur und Wasserwaage oder Schlauchwasserwaage. Quelle (1)

3.2.1 Wohin mit dem Aushub?

Handelt es sich um ein Gelände in flacher Hanglage, kann der Bodenaushub zum großen Teil für eine Terrassierung eingebaut werden. Bei steiler Hanglage sollte dies nicht gemacht werden, da im ungünstigsten Fall und bei ungenügender Verzahnung der Teich samt Erdwall talwärts abrutschen kann. Überlegen Sie sich vorher gut, ob der Aushub im restlichen Garten genutzt werden kann, denn es ist immer wieder erstaunlich, welche Mengen anfallen. Allein durch die Lockerung der Erde beim Ausheben erhalten Sie nahezu eine Verdoppelung des Volumens. Berechnen Sie daher das Volumen des geplanten Teichs vorab grob und

eine Breite von max. 30 cm. Einen Spatenstich tiefer liegt die zweite Terrasse mit einer Aushubtiefe von max. 30 cm. Die dritte Terrasse besitzt eine Aushubtiefe von 45 cm, ca. einen Spatenstich tiefer als die zweite Terrasse. Eine vierte Terrasse für die Seerose besitzt eine Aushubtiefe von 70 – 90 cm. Jetzt schließt sich der tiefe Bereich schräg geböscht mit einer Ausgrabungstiefe von min. 120 cm an.

Abb. 3.5 – Graben der Abstufungen. Quelle (1)

3.2 Tiefenzonen mit Sand markieren

sorgen Sie dann für die Abfuhr der doppelten Menge, z. B. in Form einer Schuttmulde.

Suchen Sie in Ihrem Branchenbuch nach Erdbauunternehmern und erkundigen Sie sich nach Erd- bzw. Schuttmulden. Die Abfuhrpreise richten sich nach Menge (Gewicht) und nach Materialart. Erdabfuhr kostet in der Regel weniger als Schutt bzw. Bauschutt. Containergrößen gibt es von 5 m³ über 10 m³ bis 20 m³. Je nach örtlicher Gegebenheit sollte die Mulde möglichst so nah an die Teichbaustelle gestellt werden, dass Sie den Aushub mit der Schubkarre oder direkt einfüllen können.

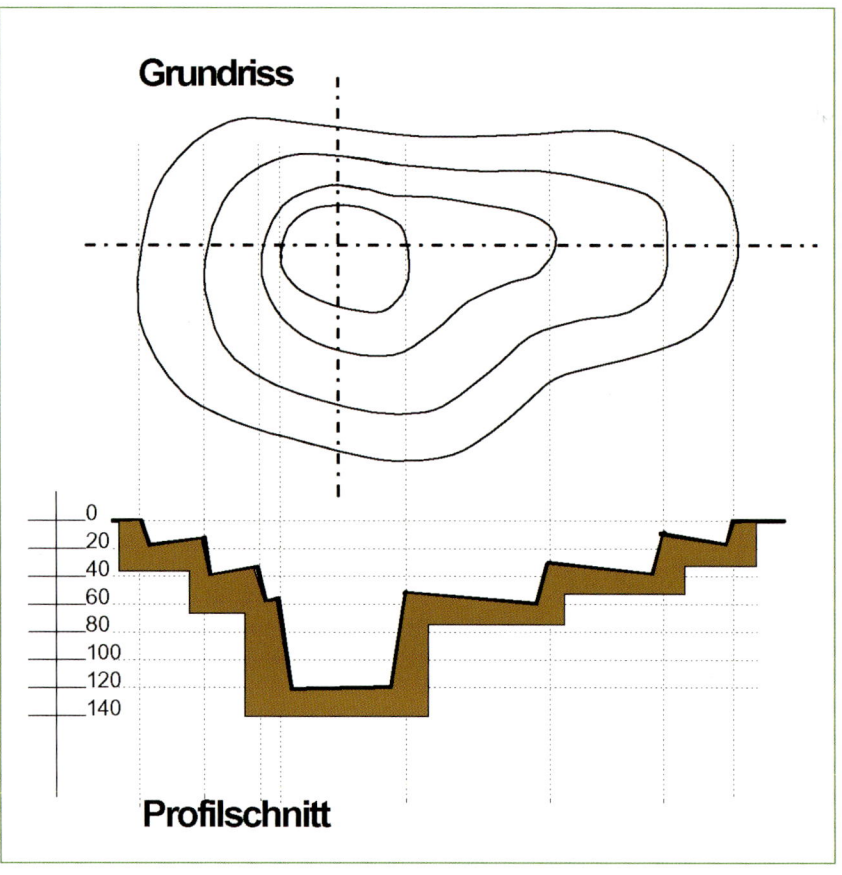

Profilschnitt

Errechnen Sie vorab grob, wie viel Aushub anfallen wird. Wenn Sie die Erde ausgraben, müssen Sie mit einem Lockerungsfaktor rechnen. Sie können im Normalfall davon ausgehen, dass der Aushub durch die Lockerung im Volumen um ca. 100 % zunimmt.

Abb. 3.6 – Grundriss und Schnitt. Abstufungen mit Angabe der Aushubtiefe.

3.3 Vorbereiten des Untergrunds

Ist die Teichgrube vollständig ausgehoben und sind die Uferbereiche profiliert, geht es an die Feinarbeiten. Der Untergrund sollte so vorbereitet werden, dass die Teichfolie – ohne die Gefahr einer Beschädigung – eingebaut werden kann.

3.3.1 Steine und Wurzeln entfernen, Sandschicht

Beim Folienteich sollte alles Erforderliche unternommen werden, damit die Folie nicht beschädigt wird. Dazu gehört, dass spitze Steine und Wurzeln aus der Teichgrube entfernt werden. Dann wird die gesamte Grube samt der Abstufungen mit 3 – 5 cm dünnen Sandschichten ausgekleidet.

Bauen Sie einen Fertigteich (Teichwanne) ein, sollte die Teichgrube exakt dem Becken entsprechend mit einer allseitigen Zugabe von 5 bis 10 cm profiliert werden. Der Zwischenraum wird später, wenn das Becken eingelassen und ausgerichtet wurde, hohlraumfrei mit wässrigem Sand eingeschwemmt.

> Beim Auskleiden mit Sand diesen vorher anfeuchten. Dann bleibt die Schicht auch in Schräglagen besser haften.

3.3.2 Abmessungen für Vlies und Folie, Tricks und Tipps

Das Ausmessen von Länge und Breite der Teichfolie erfolgt am besten erst dann, wenn die Grube komplett ausgehoben und profiliert ist. Nehmen Sie dazu eine stabile, schwere Schnur, einen Schlauch oder ein Maßband. Die Schnur oder das Maßband wird einmal der Länge und einmal der Breite nach durch den Teich gelegt. Dabei muss sie auch in die Vertiefungen der profilierten Abstufungen gelegt werden. Anschließend wird die verwendete Länge gemessen. Als Sicherheit sollte jeweils ca. 1 m in der Breite und in der Länge zugegeben werden. Auch eine eventuelle Feucht- und Sumpfzone sowie der Überstand im Randbereich muss mitberechnet werden.

Seien Sie beim Abmessen lieber etwas großzügiger. Sollten später

> Überschlägige Schätzung von Folie und Vlies (besser mit Schnur oder Maßband nach dem Aushub der Teichgrube messen):
>
> Länge: Teichlänge + 2 x Teichtiefe + 2 x 50 cm Rand
>
> Breite: Teichbreite + 2 x Teichtiefe + 2 x 50 cm Rand

Abb. 3.7 – Erst nach dem Ausheben das Maß für die Teichfolie und das Vlies ermitteln. Quelle (1)

3.3 Vorbereiten des Untergrunds

Folienstücke übrig bleiben, kann mit den Resten noch ein kleiner Bachlauf gebaut werden. Auch ist es sinnvoll, einige Folienreste für möglicherweise anfallende Reparaturen aufzubewahren.

3.3.3 Aushubmulde mit Vlies auslegen

Auf die Auskleidung der Teichgrube mit dem Sand sollte zusätzlich ein Glasfaservlies gelegt werden. Es schützt die Folie vor allem vor spitzen und scharfkantigen Objekten und hilft, Beschädigungen zu vermeiden. Ziehen Sie die Glasvliesbahn über den Rand in die Mitte der Teichgrube und streichen Sie unebene Stellen glatt. Das Vlies muss (wie die Teichfolie auch) über den Rand der Teichgrube hinausragen. Vliese gibt es im Handel als Rollenware (z. B. 120 cm und weitere Breiten) und in unterschiedlichen Dicken, die in Gramm pro Quadratmeter (m²) angegeben werden. Sinnvoll ist es auch, eine Schicht Schutzvlies innerhalb des Teichs auf die Folie zu legen – vor allem dann, wenn Steine im Gartenteich eingebaut werden sollen. Beim Verlegen sollten die Bahnen jeweils 10 – 15 cm überlappen.

Für kleinere Teiche reichen Vliese ab 300 g/m², für größere Teiche empfiehlt es sich, ein Vlies von 900 g/m² zu verwenden. Bezüglich der Vliesqualität finden Sie weitere Hinweise in Kapitel 9.2 „So testen Sie die Qualität". Damit das Vlies gut liegen bleibt, und um die Folie zusätzlich zu schützen, können Sie darauf zusätzlich noch eine dünne Schicht Sand aufbringen.

Die oft empfohlenen alten Teppichböden sind als Schutzschicht ungeeignet, da sie im Lauf der Zeit meist verrotten. Sie können auch chemische Stoffe enthalten, die die Folien schädigen.

Abb. 3.8 – Vlies auslegen und von unten nach oben glatt streichen. Quelle (1)

3.4 Verlegen der Folie

Das Einbringen der Teichfolie ist ein wesentlicher Arbeitsschritt und sollte daher gut geplant und vorbereitet werden. Sorgen Sie dafür, dass der Teich von allen Seiten gut begehbar ist. Notfalls sichern Sie die Ränder mit Dielen oder Brettern so, dass die Helfer sich darauf bewegen können.

Bei den meisten Folienarten sollten Verlegung und Verarbeitung nur bei Temperaturen ab +10 °C erfolgen. Ist die Außentemperatur niedriger, ist es zum einen sehr anstrengend, die Folie zu handhaben, zum anderen können beim Verarbeiten kleinste Risse entstehen, die später zu Dichtigkeitsproblemen führen. Optimale Verarbeitungsbedingungen herrschen ab Temperaturen um die 18 – 20 °C und Sonnenschein. Wärmen Sie vor dem Verlegen die Folie mindestens eine Stunde, notfalls in warmem Wasser in einer großen Wanne, auf damit sie flexibel und weich ist. Im Anschluss wird sie ausgebreitet.

Haben Sie die Folie bereits ausgebreitet, kann sie – falls erforderlich – folgendermaßen zu einem Folienpaket gefaltet werden: Zuerst wird die eine Hälfte der langen Seite zur Mitte hin gefaltet, anschließend die andere Hälfte.

Die so gerollte doppelte „Folienwurst" wird der Länge nach durch den Mittelpunkt der Teichgrube gelegt. Für den Fall, dass Sie die Folie allein auslegen wollen, ist es sinnvoll, die Folienwurst als Schnecke einzurollen und dann durch die Teichgrube wieder auszurollen. Nun werden die Hälften in umgekehrter Reihen-

Achten Sie beim Ausbreiten der Teichfolie auf die Faltanweisungen (Verlegeplan) des Herstellers. Je nachdem, wie die Folie beim Hersteller gefaltet wurde, wird sie entweder von einem Ende oder von der Mitte aus entfaltet.

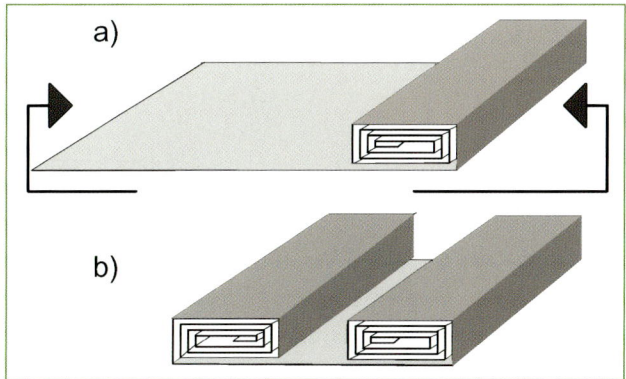

Abb. 3.9 – Prinzip Folie falten und ausrollen

In allen Fällen gilt: Die Folie am Rand nicht abschneiden!

folge wieder aufgefaltet und so hingezogen, dass an allen Teichrändern genug Überstand ist.

Verlegen Sie die Folie mit Helfern, wird sie an mehreren Ecken gehalten und dann in den Teich abgelassen. Dann sollten Sie zunächst ohne weiteres Auskleiden ein wenig Wasser einlaufen lassen. Beim Einlassen selbst begibt sich eine Person an die tiefste Stelle und fängt von dort aus an, die Folie so zu ordnen, dass möglichst wenige Falten entstehen. Diese Arbeit sollte sorgfältig ausgeführt werden, damit man keinen „Knitterteich" bekommt.

Die Bearbeitung des Randbereichs sollte frühestens nach 3 – 4 Wochen erfolgen, da sich die Folie durch Anpassvorgänge noch weiter in den Teich zurückzieht.

Die überstehende Folie an den überstehenden Rändern sollte man nicht abschneiden. Nun wird der Teich im Bereich der Tiefwasserzone mit Wasser befüllt.

3.5 Teich mit Wasser füllen

Nun wird es spannend! Endlich kann der neu ange- legte Gartenteich mit Wasser gefüllt werden! Die Befüllung erfolgt am besten von der tiefsten Stelle des Gartenteichs aus. Damit dabei möglichst wenig Boden- substrat aufgewirbelt wird, kann das Schlauchende in einen Eimer gelegt und daran festgebunden werden. Dieser Eimer muss zusätzlich mit einem Stein beschwert werden, damit er – solange gefüllt wird – unten bleibt.

Durch die Verbindung des Eimers mit dem Schlauch kann der Eimer nach dem Befüllen vorsichtig wieder aus dem Teich herausgezogen werden.

> Für die Erstbefüllung sollte kein Regenwasser be- nutzt werden, weil es zu weich ist (pH-Wert) und der Teich dadurch übersäuert würde.

3.6 Die Randgestaltungen – sorgfältig planen und ausführen

Die Randgestaltung ist ein weiterer wichtiger Schritt und muss ebenfalls sorgfältig geplant und ausgeführt werden. Vor allem die optische Ausführung trägt dazu bei, in wieweit sich der Teich später natürlich in den Garten einfügt. Der Randbereich sollte also so gestaltet werden, dass die Folie oder ein aufgebrachtes Schutzvlies nicht sichtbar ist.

Nach der vollständigen Befüllung mit Wasser darf die ausgelegte Folie am Rand nicht sofort abgeschnitten werden. Sie kann sich, durch weiteres Angleichen an die Teichgrube, noch weiter in den Teich zurückziehen und wäre dann am Rand zu knapp. Somit wird die Folie nur eingerollt und frühestens nach 2-3 Wochen weiterbearbeitet.

In der Zwischenzeit können Sie den Untergrund für die Randgestaltung und den Folienabschluss vorbereiten. Die verschiedenen Gestaltungs- und Ausführungsmöglichkeiten werden später erläutert.

3.6.1 Kapillarsperre herstellen

Mithilfe einer Kapillarsperre wird der Kontakt der Gartenerde zum Teich unterbrochen, sonst würde durch die Kapillarwirkung das Wasser aus dem Teich herausgesaugt werden.

Der Grund: In feinen Strukturen (Kapillaren), wie sie z. B. im Gartenboden vorhanden sind, steigt Wasser auch entgegen der Schwerkraft nach oben, da die Bindungskräfte zwischen der Oberflächenspannung des Wassers und den Seitenwänden der Bodenstrukturen größer sind als der darauf einwirkende Luftdruck.

Für mit Folie ausgekleidete Gartenteiche kann die Kapillarsperre prinzipiell so angelegt werden, dass am äußersten Teichrand ein Wulst mit anschließendem Graben angelegt wird. Der Wulst sollte ca. 15 cm hoch sein, der Graben ca. 15 cm tief und 15 – 20 cm breit. Hinter dem Graben endet dann die Folie und der Graben kann z. B. mit Kies gefüllt werden. Der Kies verhin-

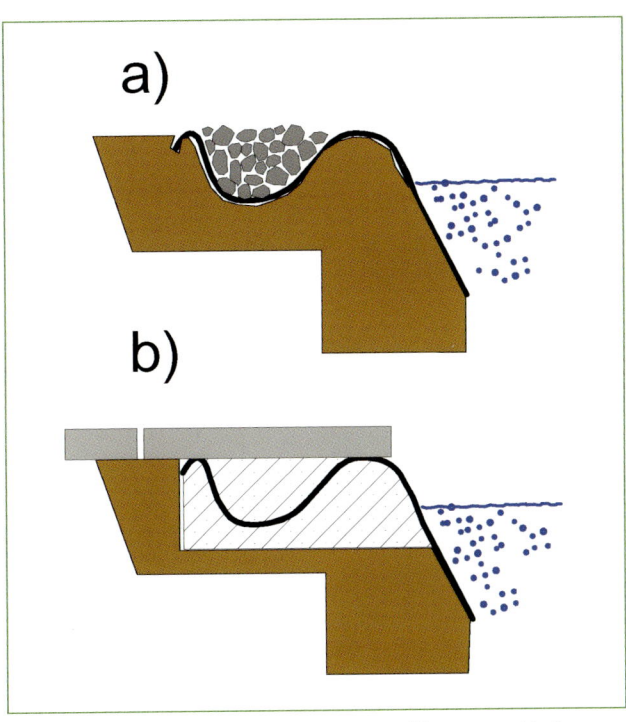

Abb. 3.10 – Prinzipausführung der Kapillarsperre. Variante **a)** im Grünbereich mit Kiesschüttung, Variante **b)** mit Plattenbelag und Magerbeton.

dert, dass durch die Kapillarwirkung Wasser aus dem Teich zum Erdreich gezogen wird.

3.6.2 Ausführungsvarianten der Randgestaltung

Grundlage für jede sinnvolle Randgestaltung ist eine technisch konstruktiv durchdachte Lösung. Ein blankes Folienufer ist optisch und technisch unbefriedigend. Zudem wird die Haltbarkeit der Folie durch UV-Strahlung reduziert. Geröll und Grobkies für die Abdeckung der Folie am Rand Ihres Gartenteichs ist auch keine gute Lösung (obwohl oft praktiziert). Die Kaschierung mit Pflanzen ist schon besser, sollte aber erst der zweite Schritt und nicht die einzige geplante Möglichkeit sein.

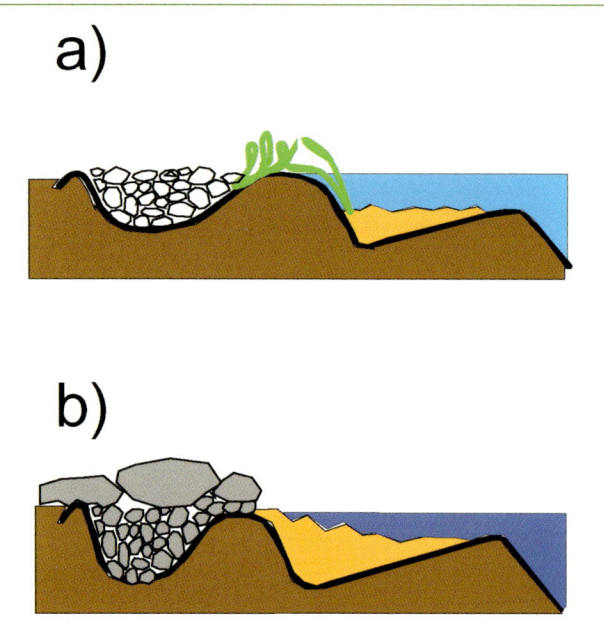

Abb. 3.11 – Randgestaltungen **a)** mit Kapillarsperre und pflanzlicher Lösung: Pfennigkraut ist ideal, um einen herausschauenden Folienrand verschwinden zu lassen, **b)** technisch gute Randgestaltung.

Der Teichrand muss auch statisch so ausgebildet sein, dass Sie beim Drauftreten nicht in den Teich abkippen oder abrutschen. Und es braucht Bereiche, wo Tiere die Möglichkeit haben, in und aus dem Teich zu kommen – am besten ohne gesehen zu werden.

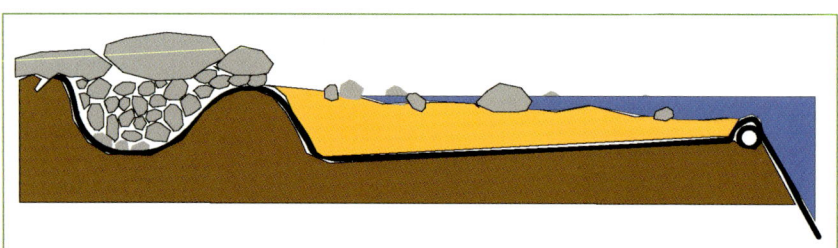

Abb. 3.12 – Flach ausgebildeter Uferbereich

Wenn der Teich überdurchschnittlich viel Wasser verliert, überprüfen Sie zuerst die Randgestaltung. Oft ist es nicht ein „Loch im Teich", sondern eine Verbindung zwischen Teichwasser und Gartenerde, die z. B. durch überhängende Pflanzen oder eine eingeknickte Folie hergestellt wurde. Wasser fließt in diesem Fall auch bergauf (Kapillareffekt). Solche Stellen müssen umgehend beseitigt werden.

3.6.3 Weicher, begehbarer Teichrand
Bei einem weichen Teichrand in der Art eines Kies- oder Sandstrands ist es besonders wichtig, dass die Profilierung des Teichufers sehr flach angelegt wird. Das gelingt bei sehr großen Teichen besonders gut, da hier genügend Fläche vorhanden ist, um auch bei einem ausreichend tiefen Teich eine flache Uferausbildung zu bauen.

Eine brauchbare Möglichkeit, die Folie im Randbereich abzudecken und zu bepflanzen, bieten im Handel angebotene Böschungs- und Ufermatten. Bei ihnen ist die Machart entscheidend. Viele aus Kokos oder Jute hergestellte Matten sehen zwar naturnah aus, verrotten aber recht schnell. Dann sieht man am Teichrand wieder die unansehnliche Folie. Empfehlenswerter sind Kunststoffmatten oder Krallengewebe, die zum Teil auch aus Recyclingkunststoff hergestellt werden.

Die Matten werden als Rollenware in verschiedenen Breiten angeboten und können entlang des Uferstreifens ausgerollt und eingebaut werden. Die Zwischenräume können z. B. mit einem Substrat zu gleichen Teilen aus grobem Sand und Lehm gefüllt und bepflanzt oder mit Kräutern eingesät werden. Eine Einsaat mit Gräsern ist nicht zu empfehlen, da

Abb. 3.13 – Steinfolie im unmittelbaren Uferbereich einge-baut, zur Abdeckung der Teichfolie. Quelle (1)

beim Mähen immer ein Teil des Grasschnitts in den Teich fallen wird.

Wenn der Randbereich zu steil wird, gibt es auch Möglichkeiten, durch spezielle im Handel angebotene Materialien wie z. B. Steinfolie zu tricksen. Mit Stein-

69

Häufiger Fehler

Vor lauter Bemühen, den Teich so groß wie möglich ausfallen zu lassen, werden oft die ufernahen Ab-stufungen vernachlässigt oder sogar gänzlich ver-gessen. Dadurch ist ein weicher Übergang vom Gar-tenteich in den Garten fast unmöglich.

---

folie können Sie die Uferzonen Ihres Teichs oder Ihres Bachlaufs auf täuschende Art „naturnah" gestalten.

Die Steinfolie besteht aus einer Basisfolie mit aufge-klebter Steinstruktur in unterschiedlichen Farben. Das

3.6 Die Randgestaltungen – sorgfältig planen und ausführen

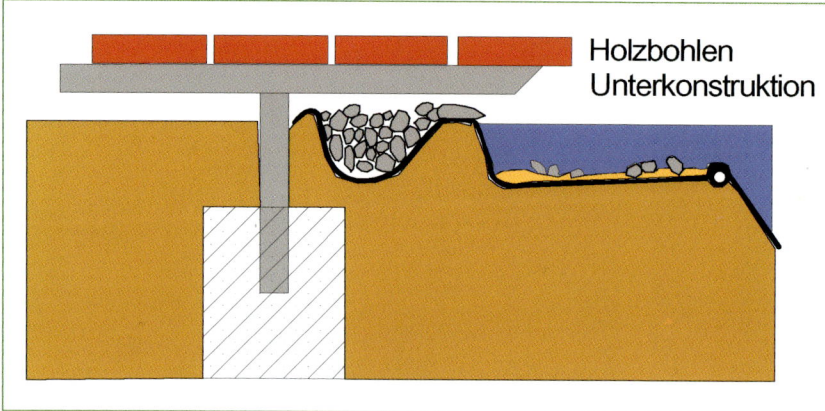

Abb. 3.14 – Prinzipschnitt: Terrassenbelag aus Holzbohlen über den Teich ragend.

Trägermaterial ist meist aus schwarzer PVC-Folie, die mittels einer speziellen Technik mit einer Beschichtung aus feinem Kies versehen wurde.

Wurde für den Gartenteich ebenfalls PVC-Folie verwendet, kann die Uferfolie im Randbereich direkt mit Teichfolienkleber (Quellschweißverfahren) verklebt werden.

3.6.4 Stabiler, begehbarer Teichrand

Im Anschlussbereich an Terrassen und Wege kann es formal und technisch sinnvoll sein, den Teichrand an einer oder zwei Seiten mit festen, exakt bekanteten Materialien zu bauen. Besonders angenehm wirkt das, wenn der befestigte Rand ein Stück weit über die Wasserfläche hinausragt. Es gibt das Gefühl, ganz nah am Wasser zu sein. Außerdem lässt sich dadurch die Folie oder das Vlies der Teichkonstruktion im Randbereich unsichtbar einbauen. Damit ein fester Rand bautechnisch dauerhaft funktioniert, bedarf es besonderer Konstruktionen.

Die einfachere Variante ist, den Belag einer Holzterrasse ein Stück über den Teich ragen zu lassen. Hier können stabile Aluminiumprofile den herausragenden Bereich tragen. Die Raffinesse liegt darin, die erforderliche Unterkonstruktion so dünn wie möglich zu gestalten, damit der Wasserspiegel möglichst nah am Terrassenbelag erlebbar ist.

Schwieriger wird es, wenn Sie stabile Naturstein- oder Betonplatten so am Teichrand anordnen möchten, dass sie ein Stück überragen. Ist die Konstruktion schlecht gemacht, kann es passieren, dass Sie mit dem Belag beim Betreten der vorderen Kante in den Teich abkippen. Schlimmer noch ist es, wenn Ihre Kinder um den Teich herumlaufen und sich die Uferbefestigung plötzlich löst.

Bei richtiger Konstruktion muss der Teichrand bereits bevor die Folie eingebaut wird stabil vom Untergrund her aufgebaut werden. Hier empfiehlt es sich, stabile Kantensteine einzubauen oder eine Ortbetonlösung zu wählen. Die Teichfolie und das Schutzvlies kön-

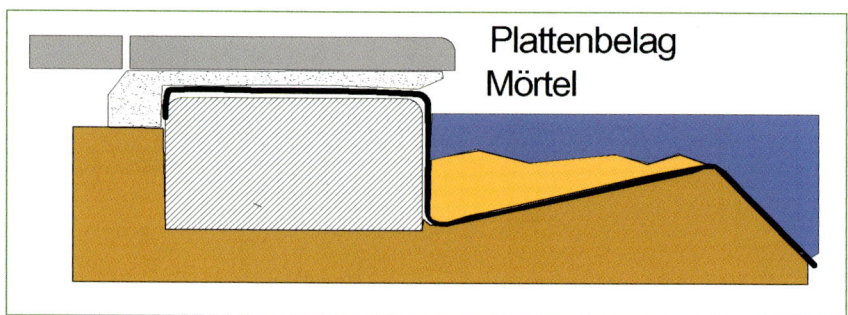

Abb. 3.15 – Prinzipschnitt Teichrand mit leicht überhängendem Plattenbelag.

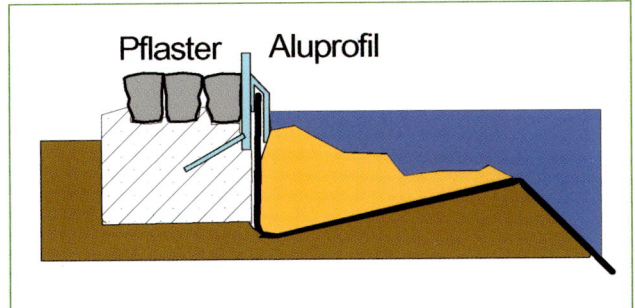

Abb. 3.16 – Aluminiumkonstruktion im Übergangsbereich von Pflasterweg und Gartenteich.

nen dann, wie in Abb. 3.15 dargestellt, zwischen stabilem Unterbau und Plattenbelag als Dichtungsschicht durchgeführt und evtl. verklebt werden. Der Plattenbelag wird in flexiblem frostfestem Mörtel auf die Folie geklebt. Der Überhang ist abhängig von der Gesamtplattengröße – vor allem von der Fläche, die auf dem Mörtel sitzt. Die Platten sollten eine leichte Neigung von 1 bis 2 % (1 – 2 cm pro 100 cm Länge) vom Teich weg haben, damit nährstoffreiches Gartenwasser nicht in den Teich abfließen kann.

Die Qualität des Mörtels ist hierbei besonders wichtig, da ungeeigneter Mörtel bei Frost Risse bekommen und im Lauf der Zeit zerbröseln kann. Auch sollten Sie den Wasserstand so wählen, dass die Eisschicht im Winter genügend Platz unter dem überstehenden Plattenbelag hat. Das muss auch sein, weil sich das Eis ausdehnt und den Plattenbelag nach oben wegsprengen kann.

Oft ist der Anschluss der Teichfolie an einen gepflasterten Weg oder eine Naturstein- oder Betonterrasse unbefriedigend gelöst. Hier kann der bautechnisch sinnvolle Anschluss mit speziellen Aluminium- oder Edelstahlprofilen erfolgen, die eine integrierte Klemmschiene haben und dem Pflasterbelag gleichzeitig eine Kantenbefestigung bieten.

Besonders schwierig und kritisch (für die Folie) wird es, wenn die Folie an senkrechte Wände anschließt. Für die bautechnische Lösung gibt es zwar spezielle Alu- oder Edelstahlprofile, mit denen die Dichtungsbahn an die senkrechte Wand angeschlagen wird, optisch ist dies für den Gartenteich indes wenig befriedigend. Als Lösung kann man mit dem Anklemmen der Teichfolie auch eine Böschungsmatte (Stein- oder Krallenmatte) hinzufügen. Diese kann dann nach der Montage rückwärts über die Montageschiene und die noch sichtbare Teichfolie überhängen und bis unterhalb des Wasserspiegels die Teichfolie verdecken (siehe Abb. 3.17).

3.6.5 Teichrand als Sumpfgarten

Um im Anschluss an den Teichrand einen Sumpfgarten anzulegen, brauchen Sie lediglich die überstehende Folie des Teichrands zu einem weiteren Teichgraben auszubilden. Das ansteigende überschüssige Teichwasser kann so in den Sumpfbereich fließen. Der Trennungswall (Folie) zwischen Hauptteich und Sumpfgar-

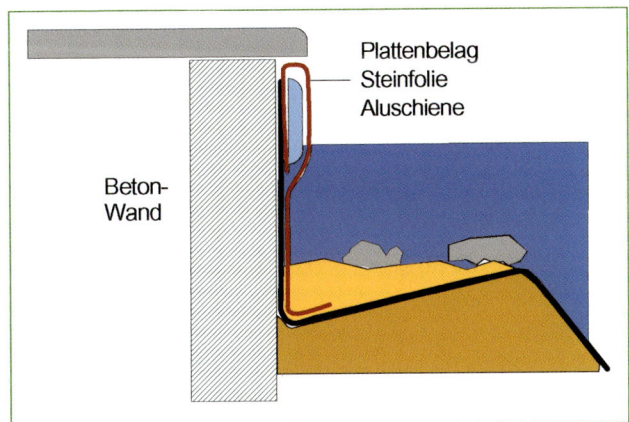

Abb. 3.17 – Teichfolienbefestigung an senkrechten Wänden mit eingebauter Steinfolie (dunkelrot). Klemmschiene und Folie werden im Fertigzustand durch die Böschungsmatte abgedeckt.

ten sollte nur minimal über dem normalen Wasserstand des Teichs liegen. Auf der Wasseroberfläche schwimmende nährstoffreiche Pflanzen- und Tierteile werden so – wie bei einem Skimmer des Schwimmbads – in den Sumpfbereich geschwemmt, wo die Pflanzen dankbar für Nährstoffe sind.

Die Lage des Sumpfbereichs kann in der Sonne oder im Halbschatten sein. In der Sonne haben Sie die Chance, üppig blühende Pflanzen zu erleben, dafür trocknet dort das Wasser schneller aus.

Das Substrat im Sumpfbereich sollte keine normale Gartenerde sein. Besser ist es, wenn Sie sich ein spezielles Substrat besorgen oder es selbst mischen. Wichtig für das Gemisch ist eine gute Wasserspeicherfähigkeit. Als Beispiel können Sie folgende Materialien verwenden:

● 2 Teile tonhaltigen Lehm
● 1 Teil Sand (Maurersand, Brechsand Körnung 2 – 4 mm)
● 2 Teile halb verrotteter Kompost (kein Torf)

Dabei fungieren der Ton als Träger, der Sand als Drain-Material und der Kompost für die Speicherfunktion.

3.6.6 Gestaltung mit Findlingen

Im Uferbereich einzelne dekorativ platzierte und beleuchtete große runde Kiesel oder bizarre Granit- oder Sandsteinfindlinge können bei guter Positionierung im Zusammenspiel mit einer interessanten Pflanzung gelungene Komponenten sein. Die Steine sollten dabei nicht zu klein sein und es ist eine Kunst, sie dezent, wie zufällig anzuordnen. Beim Einbauen ist es immer wieder gut, etwas auf Abstand zu gehen und die Gestaltung und das Gesamtbild aus der Entfernung zu überprüfen. Werden zu viele Steine verwendet, verliert das Gestaltungselement an Wert und die Gestaltung sieht banal aus. Interessant sind auch Kombinationen mit Holzstegen oder Terrassen, Beleuchtung und Staudenpflanzungen.

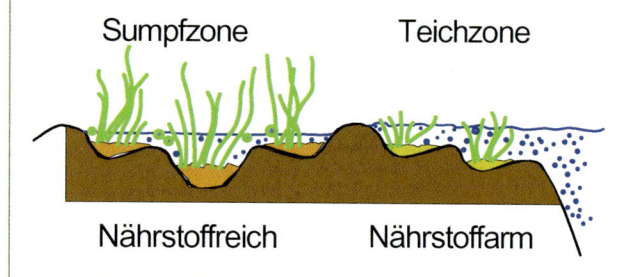

Abb. 3.18 – Teichrand angelegt als Sumpfgarten. Der Trennungswall ist vom Niveau her so angeordnet, dass überschüssiges Wasser aus dem Teich in den Sumpfbereich fließen kann.

Unabgängig von der Detailgestaltung sollte der Folienrand entweder 3 cm senkrecht über dem Boden stehen oder die Folie über den Wasserbereich hinaus flach verlegt werden. Dieser Bereich wird z. B. mit Steinen so gestaltet, dass keine kapillare Verbindung zum umliegenden Erdreich geschaffen wird. Liegt eine Verbindung vor, wird das Wasser aus dem Teich in das umliegende Erdreich gesogen und kann so zu erheblichem Wasserverlust beitragen. Die Kapillarwirkung funktioniert auch entgegen der Schwerkraft, also auch bergauf.

4 Abdichtungsmaterialien – Hinweise und Tipps

73

In diesem Kapitel erhalten Sie Hinweise und Tipps für den Umgang speziell mit Teichfolien und erfahren, wie Zu-, Ab- und Überläufe in den Folienbereich integriert werden können. Ebenso werden Möglichkeiten beschrieben, wie man die unterschiedlichen Folienmaterialien repariert und verklebt. Achten Sie bei den Materialien auf eine gute Qualität (siehe auch Kapitel 9.2: „So testen Sie die Qualität").

4.1   Zu- und Abläufe

Durch anfallendes Regenwasser, z. B. über einen Bachlauf, kann dem Gartenteich frisches Wasser zugeführt werden. Um dabei das unkontrollierte Überlaufen des Gartenteichs zu verhindern, braucht es eine konstruktive Lösung. Sie sollten sich Gedanken darüber machen, wie und wo der erforderliche Teichüberlauf ausgebildet werden soll. Auch gibt es verschiedene Möglichkeiten, das überschüssige Wasser in ein Sumpfbeet mit einem einfachen Überlauf zu leiten oder einen technischen Überlauf mit Flanschen in die Dichtungsbahn einzubauen.

Die technische Ausführung lässt sich z. B. mit einem Einlauf realisieren, wie er für Flachdächer angeboten wird. Die Teichfolie wird zwischen den Flanschen abgedichtet und verschraubt oder verklebt, sodass man einen dicht schließenden Abfluss erhält. Damit das Entwässerungsrohr nicht verstopft, kommt eine Schmutzkappe, wie sie an Regenabflussrohren verwendet wird, zum Einsatz. Möglich ist für kleinere Teiche auch die Verwendung eines Badewannenablaufs mit einem Standrohr, durch das die Wasserstandshöhe geregelt werden kann. Um ein Verstopfen zu verhindern, erhält der obere Einlauf eine Glocke.

Der untere Anschluss des Überlaufs kann dann mit einem 70-mm-HT-Rohr oder einem 100-mm-KG-Rohr, z. B. bis zu einem Sickerschacht, der das Wasser in das Erdreich übergibt, weitergeführt werden.

An der tiefsten Stelle des Teichs kann, um eine spätere Reinigung zu erleichtern, sicherheitshalber ein

> Die Teichfolie im Randbereich erst dann endgültig befestigen, wenn die Höhe des Überlaufs und damit des Wasserstands feststeht.

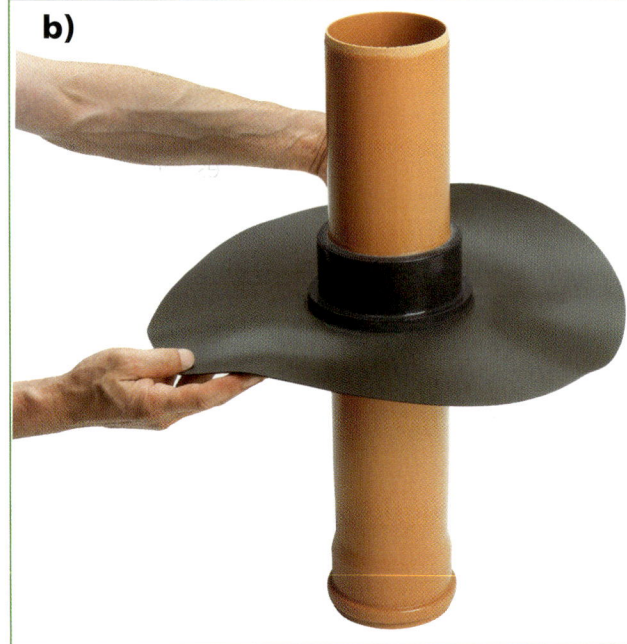

Abb. 4.1 – Rohrflansch **a)** zum Einkleben in die Teichbahn und **b)** mit passendem Standrohr. Quelle (1)

4.1 Zu- und Abläufe

Abb. 4.2 – Links ein KG-Rohr, rechts ein HT-Rohr

Bodenablauf installiert werden. Der Bodenablauf endet in einem KG-Rohr, das außerhalb des Teichs aus dem Boden kommt. Da damit zu rechnen ist, dass sich dort auch Schlamm sammelt, sollte der Rohrdurchmesser mindestens 70 mm betragen.

KG-Rohre sind die grauen Rohre, die in der Haustechnik als Abwasserleitungen mit Durchmessern von 40 mm, 50 mm und 70 mm verwendet werden. Es gibt sie als orangefarbene und graue Rohre mit Durchmessern ab 100 mm.

Abb. 4.3 – Abstellhahn und Schieber, die sich für große Rohrdurchmesser eignen.

4.1 Zu- und Abläufe

4.1.1 Folienanschlüsse und dichte Durchführungen

Bei Zu- , Über- und Abläufen wird es manchmal erforderlich, Foliendurchführungen abzudichten. Im Handel werden dafür Tank- und Foliendurchführungen mit einer doppelten Klebemuffe und acht Schrauben angeboten.

Die Arbeitsschritte:
Bodenabläufe und Rohre müssen vor dem Auslegen der Teichgrube mit Sand und Vlies eingebaut werden. Die Stelle der Durchführung (des Bodenablaufs) kann mit Kreide angezeichnet werden. Danach wird ein kreisrundes Loch in die Folie geschnitten. Der Schnitt sollte ohne Zacken erfolgen, da die Folie bei einer Auszackung schneller einreißen kann.

Fixieren Sie Flanschbohrungen mit Nägeln oder Spaxschrauben zur ausgeschnitten Öffnung, indem Sie die Folie passgenau aufdrücken. Dann heben Sie sie wieder ab. Nun bestreichen Sie Folie und Flansch mit Kleber und drücken sie passgenau zu den Fixierungen (Nägel, Spax) zusammen. Der innere Gegenflansch wird jetzt mit den Bohrungen passgenau auf die Schrauben gelegt und verschraubt.

Wichtig: Die Schrauben über Kreuz gleichmäßig leicht anziehen und mindestens 12 Stunden warten, bis der Kleber abgebunden hat. Dann können die Schrauben vollends angezogen werden.

> Um eine fachlich richtige Verklebung zu erhalten, müssen die zu verklebenden Teile vorher mit Reiniger gesäubert werden.

Abb. 4.4 – Schraubmuffe mit 75-mm-Flansch

4.2 Ein Loch im Teich – was ist zu tun?

Die Vorstellung, einen undichten Teich zu haben, ist unangenehm, die Situation ist aber nicht ausweglos. Wurde die Beschädigung der Teichdichtung durch ein Werkzeug (z. B. beim Herausfischen der Fadenalgen mit dem Rechen) versehentlich herbeigeführt, sollten Sie sich die Stelle merken, das Loch ausfindig machen und reparieren. Verliert Ihr Teich aber aus unerklärlichen Gründen plötzlich unverhältnismäßig viel Wasser, sollten Sie zuerst den Teichrand überprüfen, ob das Wasser dort durch Kapillarwirkung abgezogen wird.

Sowohl am Teichrand anstehender Gartenboden als auch in das Wasser hängende Pflanzenwurzeln können dem Teich große Mengen Wasser entziehen. Ständiger Wasserverlust und ein feuchter Teichrand sind deutliche Anzeichen dafür. Gerade Pflanzen, die in der Nähe des Teichs angesiedelt sind, bewegen ihre Wurzeln gern zum Wasser hin. Der Vorgang ist schleichend und wird irgendwann entdeckt. Um den Wasserverlust über die Kapillarwirkung zu verhindern, sollte eine Kapillarsperre eingebaut werden (siehe Kapitel 3.6.1 „Kapillarsperre herstellen").

Sind Sie beim Überprüfen des Teichrands auf keine Schwachstelle gestoßen, liegt der Verdacht nahe, dass es eine Undichtigkeit im Teich gibt. Um herauszufinden, wo diese ist, gehen Sie folgendermaßen vor:

Ist der Wasserverlust nur sehr gering, hoffen Sie darauf, dass Schlamm und Sedimente das Loch wieder abdichten. Wichtig ist jedoch, den Wasserverlust zu beobachten und durch Markierungen – z. B. an einem im Wasser liegenden Stein – bezogen auf Stunden oder Tage zu messen und zu protokollieren. Dies mit zwischenzeitlichem Auffüllen des fehlenden Wassers.

Ist der Wasserverlust sehr stark, sollten Sie sich um Ihre Wasserpflanzen und Teichtiere Gedanken machen und möglicherweise eine provisorische Zwischenlösung organisieren. Auch hier markieren und protokollieren Sie den Verlust und füllen den Wasserverlust zunächst nach. Die Markierungen können z. B. mit 1, 2, 3 für jede Stunde usw. bezeichnet sein. Gibt es nach einem kontinuierlichen starken Wasserverlust über einen längeren Zeitabstand nur noch ein unmerkliches Absinken des Wasserspiegels, können Sie davon ausgehen, dass die undichte Stelle oder das Leck in diesem Höhenniveau zu finden ist. Entweder entdecken Sie nun die undichte Stelle durch Sichtprüfung oder es braucht einen weiteren Schritt. Füllen Sie dazu den Wasserspiegel wieder einige cm auf und streuen etwas Mehl oder Holzmehl auf die Wasseroberfläche. Beobachten Sie nun, wohin die Strömung das Mehl führt. Diese Prüfung sollte natürlich bei Windstille erfolgen. Mit etwas Glück finden Sie das Loch und können es reparieren.

Bevor Sie mit der Reparatur beginnen, sollten Sie – falls Sie es nicht wissen – herausfinden, aus welchem Material die Teichfolie besteht, um den passenden Kleber auswählen zu können. Dann erst ist es sinnvoll, die Stelle gründlich zu reinigen und mit dem passenden Klebeverfahren und einen Flicken aus dem gleichen Material zu reparieren.

Kapillarwirkung

In feinen Strukturen (Kapillaren) sind die Bindungskräfte zwischen der Oberflächenspannung des Wassers und den Seitenwänden der Strukturen größer als der darauf einwirkende Luftdruck. Dadurch steigt Wasser entgegen der Schwerkraft auch nach oben. Dies können Sie experimentell mit einem im Wasserglas hängenden Wollfaden nachvollziehen. Gleiches kann passieren, wenn Erdreich oder Pflanzenteile direkt an den Wasserrand angebunden sind.

4.2 Ein Loch im Teich – was ist zu tun?

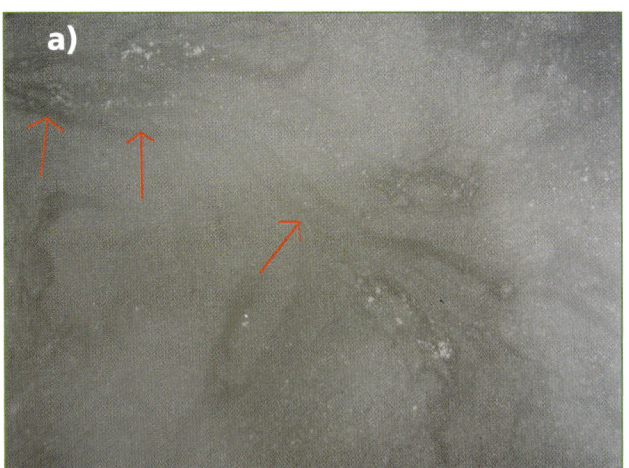

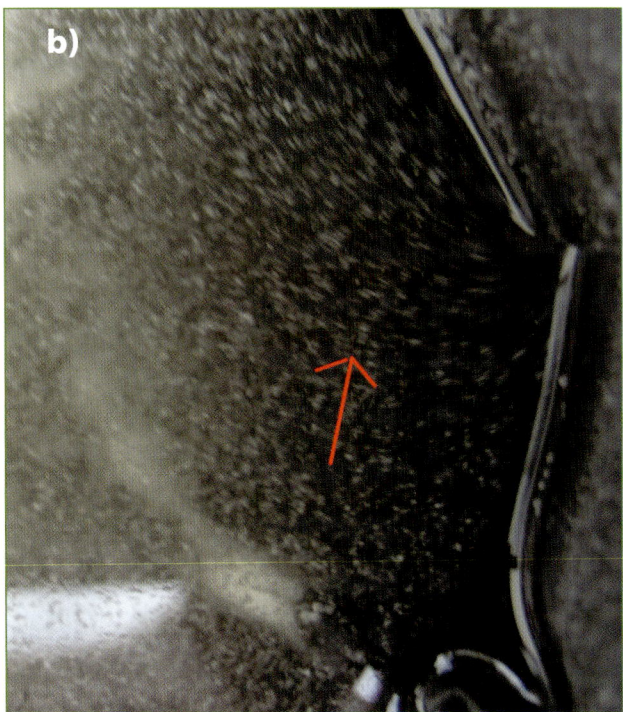

Abb. 4.5 – Mehltest zur Auffindung von Lecks im Teich:
a) die roten Pfeile zeigen den Strömungsverlauf in Richtung Loch, **b)** die Mehlteilchen richten sich in der Strömung aus.

4.2.1 Klebe- und Schweißverfahren

Wenn trotz guter Planung die Teichfolie nicht ausreicht, der Teich an einer Seite erweitert werden soll oder sich gar ein Loch im Teich befindet, kann es sinnvoll sein, Folien anzukleben oder anzuschweißen. Dabei gibt es, je nach Material, unterschiedliche Verfahren.

Vor dem Verkleben sollten die Untergründe gut gereinigt werden, möglichst glatt und sauber sein und eine ebene Unterlage haben.

Die meisten Teichfolien sind aus PVC, daher hier zuerst die zwei Hauptverfahren zur Verklebung dieser Folie:

- Verkleben lassen sich PVC-Folien mit einem Quellschweißkleber. Die eingestrichenen Oberflächen der Folie quellen von dem im Kleber enthaltenen Lösungsmittel auf und verbinden sich durch Anpressen miteinander.
- Die Folienteile werden mit einem Heißluftstrom von 350 – 450 °C angeschmolzen und dann zusammengepresst.

Testverfahren, um die Art des Folienmaterials herauszufinden

Schneiden Sie am Teichrand ein kleines Stück Folie ab und halten Sie es über ein brennendes Feuerzeug. Durch die Art der Flamme und des Rauchs können Sie das Material identifizieren:

PVC-Folie (Polyvinylchlorid) zeigt eine gelb-orange Flamme mit schwarzem beißendem Rauch. Das Material schmilzt und tropft herunter.

PE-Folie (Polyethylen) verbrennt mit blaugelber Flamme und riecht wie eine Kerze, wenn man sie ausbläst.

EPDM-Folie (Synthesekautschuk) qualmt sehr stark und riecht nach verbranntem Gummi.

Abb. 4.6 – Testverfahren, um herauszufinden, um welche Folie es sich handelt. Feuertest mit Folienrest aus PVC.

> **Achtung**
>
> Quellschweißkleber ist leicht entzündlich, leicht flüchtig, kann beim Einatmen Übelkeit hervorrufen und sich gesundheitsschädlich auswirken.

Verarbeitung mit Quellschweißkleber

Die Folienränder der zu verbindenden Teile sollten mindestens 5, besser 10 cm überlappen. Im Überlappungsbereich müssen die Folien sauber und staubfrei sein. Nun wird der Quellschweißkleber mit einem breiten Flachpinsel dick zwischen die Folienränder gestrichen.

Da der Kleber schnell trocknet, sollten Sie immer nur kurze Stücke einstreichen. Nach dem Einstreichen und Zusammenfügen der zu verklebenden Teile müssen Sie diese mit einem Gewicht (z. B. einem Sandsack) beschweren und fixieren.

Verfahren mit Heißluftschweißen

Der Vorteil des Heißluftverfahrens ist, dass kein Kleber benötigt wird und dass die Verschweißung auch an senkrechten Bereichen vorgenommen werden kann.

Wie beim Klebeverfahren muss man die Folienränder zuerst reinigen, dann den oberen überlappenden Folienrand mit der Luftdüse des Heißluftgerätes anheben und die Folienränder erhitzen, sodass sich die Wärme zwischen den Folienrändern anstaut und die Ränder leicht schmelzen. Wenige Zentimeter neben der Düse drückt man die Folien mit der Silikonrolle zusammen. Bewegen Sie nun das Heißluftgerät und die Rolle langsam und ohne Unterbrechung entlang der Verbindungsnaht. Zur Sicherheit werden zwei Schweißnähte nebeneinander angeordnet. Beim zweiten Schweißdurchgang sollte die verflüssigte Folie durch das Anpressen aus dem Zwischenbereich herausquellen.

Nach der Fertigstellung können Sie zur Sicherheit im Bereich der Schweißnaht Flüssigfolie auftragen. Hierbei handelt es sich um flüssiges PVC.

Kleben von PE-Folie:

PE-Folien lassen sich nur mit einem speziell dafür angebotenen doppelseitigen Klebeband verbinden und reparieren. Die Klebeflächen müssen dafür absolut sauber sein. Die Klebeverbindung eignet sich nur für kleinere Reparaturen und kurze Stöße und ist nicht sehr zuverlässig und dauerhaft.

4.2 Ein Loch im Teich – was ist zu tun?

Kleben von EPDM-Folien

Das Klebeverfahren ähnelt dem Flicken eines Fahrradschlauchs und ist problemlos und zuverlässig durchzuführen. Im Handel wird spezieller Kleber angeboten, der sich auch dazu eignet, Flansche oder sonstige Verbindungsteile mit dem EPDM zu verkleben. Die zu flickende oder zu klebende Stelle wird gereinigt und mit feinem Sandpapier aufgeraut. Dann wird auf beide zu verklebenden Teile Kleber mit einem Pinsel aufgetragen und einige Minuten gewartet, bis dieser scheinbar trocken (berührungstrocken) ist. Nun sollten beide Teile fest zusammengedrückt werden, wobei nicht die Dauer der Fixierung, sondern mehr der Anpressdruck für die Festigkeit der Klebeverbindung entscheidend ist.

Abb. 4.7 – Reinigungsflüssigkeit zum Entfetten und Reinigen von Teichfolie. Quelle (1)

5 Kompakte und preiswerte Pumpen- und Filterlösungen

Zunächst sollten Sie prüfen, ob für Ihre Teichkonzeption überhaupt ein Pumpen- und Filtersystem erforderlich ist. Planen Sie einen funktionierenden Naturteich mit geeigneten Pflanzen und nur wenigen oder gar keinen Fischen, können Sie auf eine Pumpe und ein aufwendiges Filtersystem verzichten. Damit sparen Sie viel Geld und Zeit für die Wartungsarbeiten. Zusätzlich bringt das künstliche Umwälzen des Teichwassers die natürliche Schichtung und die natürliche Sauerstoffspeicherung im Teich durcheinander. Wenn Sie befürchten, dass der Gartenteich ohne Pumpe nicht funktioniert, starten Sie zumindest einmal einen einjährigen Versuch und bereiten aber alles dafür vor, nachträglich doch noch ein Pumpensystem einbauen zu können. Dazu braucht es nicht viel – bei einer Solarpumpe nicht einmal einen Stromanschluss.

Die im Handel angebotenen Pumpen- und Filtersysteme sind für den Teichbesitzer einfach einzubauen. Sowohl die strom- als auch die wasserseitigen Anschlüsse sind so vorbereitet, dass sie ohne Spezialwerkzeuge mit haushaltsüblichen Werkzeugen zusammengefügt werden können.

5 Kompakte und preiswerte Pumpen- und Filterlösungen

Tauchpumpen können direkt in den Gartenteich gestellt werden. Damit kein Schlamm angesaugt wird, sollte die Pumpe im Teich auf einen Stein als Erhöhung gestellt werden. Bei Folienteichen sollte unter der Steinbasis ein Vlies liegen, damit evtl. scharfe Kanten nicht in die Folie einschneiden können.

Bei einem Fischteich kann die Filteranlage (das Filtergehäuse mit eingebauten Filtern) in einem kleinen zusätzlichen Schacht außerhalb des Teichs angeordnet sein. Die Abdeckung des Filterschachts kann optisch so gestaltet werden, dass sie sich unauffällig in die Randgestaltung einfügt.

Außerhalb des Teichs angeordnete Pumpensysteme werden z. B. für größere Fisch- oder Badeteiche verwendet. Die Pumpenstation mit Filtereinrichtungen sollte dann in einem extra gebauten Pumpenhäuschen oder einem geräumigen Schacht untergebracht sein, der für regelmäßige Wartungsarbeiten gut zugänglich ist. Außerdem ist es hilfreich, hier einen Ablauf zur Entleerung des Pumpsystems vorzusehen.

Abb. 5.1 – Künstlicher Stein als Abdeckung für die Filtertechnik: **a)** geschlossen, **b)** geöffnet

Abb. 5.2 – Prinzip eines einfachen Pumpen-/Filtersystems. Quelle (1)

5.1 Auswahlkriterien und -hilfen für Pumpen und Filter

Im Handel werden meist Tauch- oder Saugpumpen mit oder ohne integrierten Filter angeboten. Die Ausführung der elektrischen Maschine für den Anschluss an das 230-V-Netz kann mit unterschiedlichen Motorenarten wie z. B. Allstrom- oder Asynchronmotor arbeiten. Es gibt auch Solarpumpen mit 12 oder 24 Volt Niedergleichspannung. Solarpumpen werden meist gleich mit dem passenden Solarmodul angeboten und haben einen Gleichstrommotor oder eine dauerhaftere Membrantechnik.

Für die Umwälzpumpen können „Dauerläufer" als Tauchpumpe empfohlen werden. Sie fördern eine hohe Wassermenge und verbrauchen wenig Energie.

Der Vorteil der Tauchpumpe: Sie ist ohne lästige Schlauchverbindungen im Teich aufgeräumt, im Sommer wird sie durch das umgebende Wasser des Teichs gekühlt (dafür wird der Teich wärmer) und im Winter wird sie nicht so schnell einfrieren. Außerdem arbeitet sie sehr geräusch- und vibrationsarm und ist nahezu wartungsfrei.

Das leidige Problem bei fast allen Pumpen (eine Ausnahme bildet die Membranpumpe) ist, dass die meisten Kleinstlebewesen aus dem Wasser, die in den Kreiselmechanismus einer Pumpe hineingesaugt werden (z. B. Kleinstkrebse, Wasserflöhe usw.), verletzt oder zerstört werden. Alle größeren Organismen, die nicht durch den Grobfilter vor dem Ansaugstutzen durchpassen, werden eingeklemmt und meistens durch den hohen Druck langsam zerquetscht oder lebensgefährlich verletzt.

Bei den Filtersystemen werden mehrere Arten unterschieden.

- Filterteich: Ein zusätzlicher kleiner Teich mit Kies und Pflanzen übernimmt die natürliche Filterung des Hauptteichs (mehr dazu in Kapitel 1.8.3 „Filterteich – mit geringer Technik und hoher Filterwirkung"). Diese Lösung hat viele Vorteile und kommt mit einem Minimum an Technik aus.
- Biologische Filter: Ein Filtersystem mit Filtereinsätzen aus Lehm, Zeolith, Aktivkohle usw., in dem zusätzlich unterstützend hilfreiche Bakterien wirken. Das System wandelt schädliche Gase und Nitrite (in das unschädliche Nitrat) um. Die Pumpe muss ständig und ununterbrochen das Teichwasser durch den

> **Faustregel zum Stromverbrauch einer Pumpe für das 230-V-Netz:**
>
> Für die Förderung von 10 m³ Wasservolumen werden pro Stunde ca. 180 bis 250 Watt verbraucht (höhenabhängig). Am Tag kommen so etwa 4 bis 5 kWh Stromverbrauch zusammen.

Filter pumpen. Bei biologischen Filtersystemen können zusätzlich UV-Leuchten eingebaut werden. Durch das ultraviolette Licht werden die Algen besser herausgefiltert.

- Mechanische Filter: Das Teichwasser wird durch spezielle Filtereinsätze vor allem von Algen und Schwebstoffen gereinigt. Die Pumpe kann dann in Betrieb genommen werden, wenn es die Wasserqualität erfordert.

Gartenteichfilter mit den erläuterten Filtersystemen gibt es in mehreren Varianten. Zum einen sind es die bewährten *Teichfilter*, die direkt ins Wasser des Gartenteichs gestellt werden. Dadurch sind sie dem Blick des Betrachters mehr oder weniger entzogen. Zum anderen gibt es Filterlösungen zur Aufstellung im Uferbereich des Teichs. Sie haben in der Regel eine größere Filterleistung, sollten aber hinter den Uferpflanzen versteckt werden. Zudem haben Sie die Möglichkeit, komplette Sets, bestehend aus Teichfilter, UV-Wasserklärer und allen Filtermaterialien, inklusive Filterbürsten und Filterschwämmen, aufzustellen.

> *Zeolith* ist Kalziumsilikat und Aluminiumsilikat. Es absorbiert und vernichtet hauptsächlich das für Pflanzen und Tiere giftige Ammonium. Im Gartenteich sind Zeolithe wirksame Biokatalysatoren, also Filter auf biologischer Basis. Zeolithe können in einer Kochsalzlösung wieder regeneriert werden.

Abb. 5.3 – Produktbeispiel für biologisches Filtersystem (Biotec). Quelle (1)

5.2 Wann Filtersysteme erforderlich werden

Wenn der Teich als Naturteich angelegt wurde, ist normalerweise die Filterung des Teichwassers für die Stabilisierung des biologischen Gleichgewichts nicht erforderlich. Ungleichgewichte im Gartenteich entstehen erst dann, wenn die Nährstoffe so zunehmen, dass sie das Teichsystem überfordern. Dies kann z. B. durch zu großen Fischbesatz, große Mengen Futter, Laub und abgestorbene Pflanzenteile, nährstoffreiches Teichsubstrat oder unzureichende Bepflanzung des Teichs geschehen.

Die ungenutzten Nährstoffe führen zunächst zu starkem Algenwachstum, wodurch sich das Teichwasser grün färbt. Man spricht dann von einer *Algenblüte*. Nachdem die vorhandenen Nährstoffe durch die Algen verbraucht wurden, kommt es zu einem teilweisen Absterben der Algen. Bei diesen Prozessen wird sehr viel Sauerstoff verbraucht, der dann den anderen Lebewesen nicht mehr zur Verfügung steht. Die Folge ist akuter Sauerstoffmangel, der den Tod von Fischen und anderen Lebewesen zur Folge haben kann.

Bei Teichen mit hohem Nährstoffgehalt, z. B. durch Fischbesatz, werden Filteranlagen erforderlich. Für die meisten Anwendungen kann das Standardfiltermodell, bestehend aus Außenfilter, UVC-Klärer und einer leistungsstarken Teichpumpe, verwendet werden. Die meisten Firmen geben auf ihre Systeme eine Klarwassergarantie.

Die wichtigste Komponente im Filtersystem ist der Filter selbst. Er entfernt über verschiedene Stufen wie grobem und feinporigem Filterschaum, Zeolith und/oder Lavagranulat und Siebeinsätzen (auf denen sich die Mikroorganismen ansiedeln können) Nährstoffe und Verschmutzungen aus dem Teichwasser. Danach läuft das Wasser zurück in den Teich. Dabei sollten die Pumpe und der Einlauf in den Teich so weit wie möglich auseinander liegen, damit das gesamte Teichwasser durch den Filter gepumpt wird.

Die zweite Komponente in diesem System ist das UVC-Gerät. In diesem Gerät werden durch UV-Strahlen die Algen, die sich im Wasser befinden, mit UV-Licht beleuchtet. Daraufhin verklumpen sie und können vom Teichfilter besser ausgefiltert werden. Das Wasser darf nicht zu schnell durch dieses Gerät fließen, da sonst der gewünschte Effekt ausbleibt. Einmal im Jahr sollte die UV-Röhre erneuert werden.

Die Pumpe fördert das Wasser über eine Schlauchleitung durch das UVC-Gerät in den Filter. Die Pumpe sollte Schmutzteile bis 8 mm Größe transportieren können und darf nicht über einen Filterschwamm verfügen. Ansonsten würde sie verstopfen und die Feinteile, die aus dem Teichwasser entfernt werden sollen, kämen nie im Filter an.

> Biologische Teichfiltersysteme sollten rund um die Uhr (24 Stunden/Tag) in Betrieb sein. Wird der Teichfilter nur wenige Stunden am Tag betrieben, sterben die Mikroorganismen in den Filtereinsätzen aufgrund mangelnder Sauerstoffversorgung ab. Bei erster Inbetriebnahme sollte der Filter mit geeigneten Filterstartern eingefahren werden.

5.3 Skimmerprinzip zur Teichreinigung

Um die in den Teich ständig eingetragenen organischen Materialien wie Blätter, Früchte und Blütenstaub abzufischen, bevor sie auf den Teichgrund absinken und zu Schlamm und Nährstoffen umgewandelt werden, bietet sich das *Skimmerprinzip* an.

Beim Naturteich mit separatem Sumpfbereich (duales System) besteht auf natürliche Art der Skimmereffekt. Sobald dem Gartenteich Wasser zugeführt wird (z. B. über einen Bach oder wenn es regnet) und der Wasserspiegel über den Trennungswall ansteigt, werden Blütenstaub und Blätter usw. in die Sumpfzone geschwemmt, um dort den Pflanzen als Dünger zu dienen. Wassertiere, die von der Wasserfläche versehentlich in die Sumpfzone gespült werden, können aus eigener Kraft wieder in den Hauptteich zurückkommen.

Der Skimmer kann aber auch als Zubehörteil in Verbindung mit allen weiter oben beschriebenen Filtersystemen verwendet werden. Der große Vorteil ist, dass die natürliche Wasserschichtung kaum gestört wird, da das Wasser in der gleichen oberen Wasserschicht angesaugt und wieder in den Gartenteich eingespeist wird. Der biologische Nachteil bei diesem System ist, dass auf der Wasseroberfläche schwimmende Tiere und Pflanzen in den Skimmer gezogen werden und spätestens im Filter absterben.

Die im Handel angebotenen Skimmersysteme saugen den auf der Wasseroberfläche schwimmenden Schmutz ab und leiten ihn über mechanische Filter wieder in den Teich zurück. Die angebotenen Modelle unterscheiden sich in der Ausführung. So gibt es Skimmer mit einer fixen und solche mit einer variablen Wasserniveaueinstellung. Die letzteren haben einen einfachen Regulierungsmechanismus, der sich innerhalb eines schwankenden Wasserspiegels automatisch einstellt.

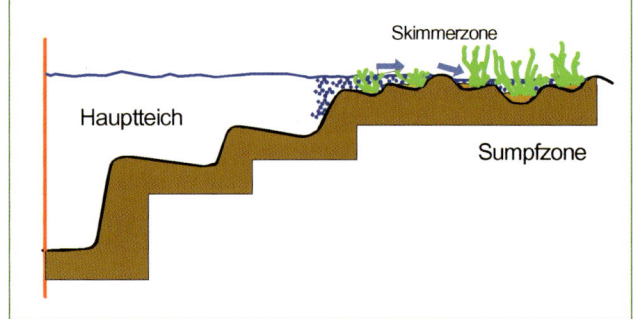

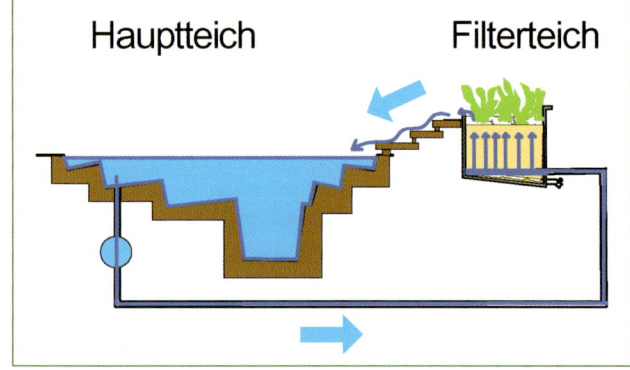

Abb. 5.5 – Skimmerprinzip in Verbindung mit dem dualen System und einem Filterbecken.

Abb. 5.6 – a) Skimmerprinzip in Verbindung mit einem konventionellen Filtersystem, **b)** am Rand eingebauer Skimmerkasten, **c)** Rohrskimmer. Quelle (1)

5.4   Umwälzung mit Solarenergie

Einen großen Vorteil haben Pumpen, die mit Solarenergie betrieben werden. Zum einen ist es nicht erforderlich, ein Stromkabel zum Teich zu legen, zum andern sparen Sie Stromkosten. Die Pumpe läuft (je nach System) in der Regel aber nur, solange auch die Sonne scheint. Das Solarmodul, das das Sonnenlicht in elektrischen Strom umwandelt, der die Pumpe antreibt, sollte an einem möglichst sonnigen Platz aufgestellt sein. Die im Handel angebotenen Solarpumpen wurden in der Regel nur für Springbrunnen konstruiert. Die Leistungen der Pumpe und des Solarmoduls wer-

den deshalb eher in geringeren Leistungsbereichen angeboten, um die Anschaffungskosten niedriger zu halten. Im Vergleich zu Pumpen, die mit dem Stromnetz betrieben werden, kommt bei der Solarpumpe das Solarmodul hinzu. Die Umwälzung mit einer solarversorgten Pumpe eignet sich aber dann sehr gut, wenn ein Teichsystem mit Filterteich angelegt werden soll. Hier kann die Solarpumpe das Wasser aus dem Haupt- in den Filterteich pumpen. Der Rücklauf zum Hauptteich erfolgt dann pumpenlos über die Schwerkraft.

5.5   Solartechnologie für Belüftung

Belüftungspumpen, die durch Solarenergie versorgt werden, gibt es derzeit noch kaum. Der Grund: Im Winter steht oft zu wenig Sonnenenergie zu Verfügung, um die Belüftungspumpe so zu betreiben, dass der Teich lange (auch bei Nacht) belüftet wird. Im Sommer ist es dagegen sinnvoller, die Sauerstoffanreicherung von den Unterwasserpflanzen übernehmen zu lassen. Diese arbeiten natürlich ebenfalls mit Sonnenenergie und haben den Vorteil, dass der Sauerstoff „extrem fein" an das Wasser abgegeben und vom Wasser besser aufgenommen wird als durch den Sprudelstein der Belüftungspumpe.

Abb. 5.7 – Luft aus dem Sprudelstein: Die meiste Luft geht an die Wasseroberfläche.

6 Pflanzen selbst auswählen und einsetzen

Die beste Pflanzzeit für Wasserpflanzen ist, im Gegensatz zu den Landpflanzen, im Sommer. Ende Mai bis Mitte Juli ist die günstigste Zeit, in der auch das Angebot an Wasserpflanzen sehr umfangreich ist. Im zeitigen Frühjahr werden Sie kaum geeignete Pflanzen bekommen.

Durch die Bepflanzung werden sowohl die natürliche Funktion als auch die optische Ausstrahlung des Gartenteichs wesentlich beeinflusst. Für ein optimales Wachstum der Wasserpflanzen ist die Einhaltung der passenden Wassertiefe wichtig. Dabei gilt es zu beachten, dass es unterschiedliche Pflanzzonen im Teich gibt (die Ufer- und Tiefwasserbereiche), die von unterschiedlichen Arten der Wasserpflanzen bewachsen werden.

6.1 Wasserpflanzen vorbereiten

Vor dem Setzen sollten Sie die vorhandene Erde um und im Wurzelballen der Wasserpflanze entfernen, da sie sehr nährstoffreich ist und somit zum Ungleichgewicht des Gartenteichs beiträgt. Das Reinigen der Wurzeln erfolgt mit einer Gießkanne oder – noch besser – mit einem Gartenschlauch unter fließendem Wasser. Die so vorbereiteten Pflanzen werden nun direkt im

> *Gehältert* wird als Begriff hauptsächlich in der Fischzucht, aber auch bei Wasserpflanzen verwendet und bedeutet, dass die Wurzel der Wasserpflanze in einem Eimer mit frischem Wasser ausgewässert wird.
>
> Um die Nährstoffanreicherung und das Algenwachstum möglichst gering zu halten, dürfen Sie weder Humus noch Mutterboden in den Teich einbringen!

Bereich der Abstufungen entsprechend der Zugehörigkeit (Uferbereich, Wasserstand) gepflanzt, bevor die Abstufungen vom Wasser überflutet werden. Wüchsige Pflanzen können im Grünbereich um etwa die Hälfte gekürzt werden, damit der Wind weniger Angriffsfläche hat.

Das Bodensubstrat auf den Abstufungen sollte vor dem Bepflanzen leicht angefeuchtet werden. Ansonsten vermischt sich das Pflanzsubstrat mit dem Teichwasser und trübt die Sicht.

Alle Pflanzen müssen rechtzeitig, bevor der Teich gefüllt wird, eingekauft und gehältert werden. Ein nachträgliches Pflanzen ist meist schwierig und sollte, wenn doch erforderlich, mit Kokostöpfen erfolgen, damit das Teichsubstrat möglichst wenig aufgewirbelt wird.

6.2 Pflanzenauswahl für die unterschiedlichen Teichzonen

Die Zonen werden vom Land her kommend in Richtung Teichmitte beschrieben. Es beginnt also mit der Landzone, dann kommt die Uferzone und schließlich folgen die Flachwasserzonen mit bis zu 40 cm Tiefe. Eine weitere Abstufung gibt es als Mittelwasserzone auf ca. 50 – 60 cm Tiefe. Dort können z. B. Seerosen gepflanzt werden. Die Tiefwasserzone beginnt bei ca. 80 cm Tiefe.

6.2.1 Landzone und Übergangsbereich zum Garten

Die Landzone befindet sich streng genommen außerhalb des Gartenteichs und hat keine Verbindung mit dem Wasser. Dafür geeignet sind bei größeren Teichen z. B. alle Schilfsorten von klein bis groß. Besonders reizvoll und geeignet sind Chinaschilf, Bambus (zwingend mit Wurzel- bzw. Rhizomsperre, da sonst die Teichfolie von den Bambuswurzeln durchbohrt wird), Zebragras, Farne und Schwertlilien. Um den Folienrand zu verdecken, eignet sich Pfennigkraut besonders gut. Es wächst sehr schnell, aber in Kontakt mit Teichwasser wird das Wachstum der Triebe gestoppt. Bodendecker aller heimischen Arten eignen sich für den Vordergrund. Hohe Pflanzen sollten in den Hintergrund gesetzt werden, damit die Sicht auf die Wasserfläche erhalten bleibt.

Gefällig sind auch die unterschiedlichsten Iris-Arten um den Teich. Sie wachsen auch, wenn es nicht so feucht ist. Der Frauenmantel ist sehr robust. Er wächst im Schatten und in der Sonne und verbreitet sich durch Aussaat weiter. Ziergräser eignen sich vor allem in Verbindung mit Steingestaltungen sehr gut.

Für den Randbereich eine Liste aufzustellen hat wenig Sinn, da die meisten der im Garten verwendeten Stauden und niedrigen Gehölze in diesem Bereich angesiedelt werden können. Wichtig ist jedoch, darauf zu achten, dass der zu bepflanzende Standort bezüglich Sonne, Halbschatten und Schatten mit den ausgewählten Pflanzen harmoniert.

6.2.2 Pflanzenvielfalt im Ufer- und Sumpfbereich

Auch in dieser Zone ist eine große Vielfalt an Pflanzen möglich. Es handelt sich dabei um eine Zone, in der kein bis einige Zentimeter Wasser über dem Erdsubstrat steht, die Erde aber feucht ist. Die Feuchtzone kann eine direkte Verbindung mit dem Hauptteich haben, besser ist es aber, wenn sie vom Wasser des Gartenteichs abgetrennt angelegt wird (duales System). In der Feuchtzone mit einer Bodensubstrathöhe von ca. 15 cm befinden sich Pflanzen, die sehr langsam wachsen. Dies sind z. B. Primeln, Wollgras, Schwertlilien und die Sumpfdotterblume.

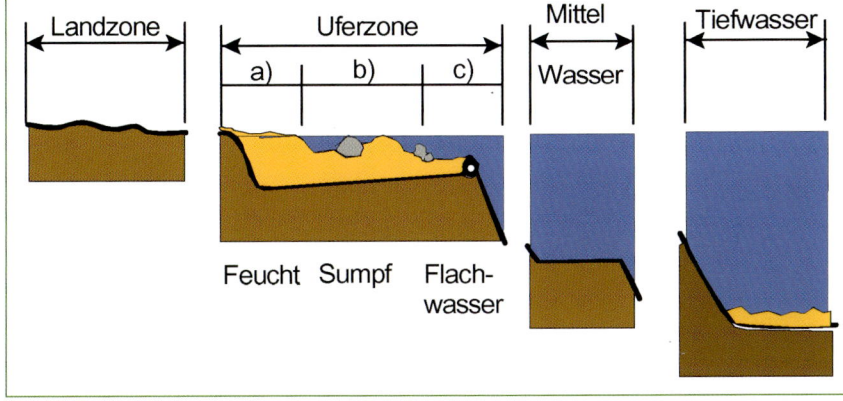

Abb. 6.1 – Die Hauptzonen des Teichs unterteilt in Landzone, Uferzone mit Feuchtsumpf und Flachwasserbereich (bis zu 40 cm tief), Mittelwasserzone (z. B. für Seerosen) und Tiefwasserzone mit mindestens 80 cm.

6.2 Pflanzenauswahl für die unterschiedlichen Teichzonen

Die folgenden Pflanzen gedeihen in speziellem Substrat, aber auch in normaler Gartenerde, die überwiegend feucht ist. Bei normaler Gartenerde sollte keine direkte Verbindung zwischen Sumpfzone und Teich bestehen.

> Um eine überdurchschnittliche Ausbreitung einzelner Pflanzenarten zu verhindern, ist es ratsam, die Blüten vor der Samenbildung abzuschneiden.
>
> Beispiele: Froschlöffel (Alisma plantogo-aquatica), Blutweiderich (Lythrum salicara)

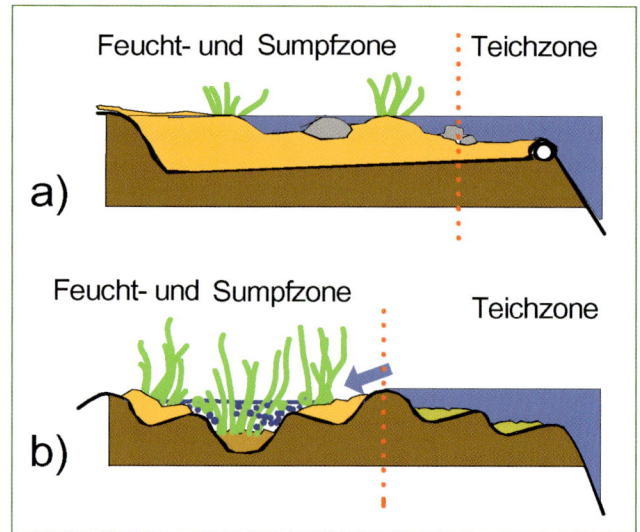

Abb. 6.2 – Profil der Feucht- und Sumpfzone, **a)** flacher Teichrand, **b)** Sumpfzone als duales System angelegt.

6.2.3 Tiefwasserzone und Unterwasserpflanzen

In der Tiefwasserzone leben die verschiedenen Unterwasserpflanzen. Sie können in allen Wassertiefen, d. h., von der zweiten Terrasse an bis zur tiefsten Stelle, direkt in das Bodensubstrat eingepflanzt werden. Dabei ist es wichtig, dass jeder Stängel einzeln gesteckt wird. Die Unterwasserpflanzen vermehren sich im ersten Jahr sehr stark und nehmen dabei viele überschüssige Nährstoffe aus dem Teichwasser auf. Durch einfaches mechanisches Entfernen (per Hand) werden die überschüssigen Pflanzen und damit auch ein Teil der gebundenen Nährstoffe aus dem Teich entfernt. Die Unterwasserpflanzen sind neben den Algen der Hauptsauerstofflieferant im Gartenteich. Daher ist es auch wichtig, dass das Sonnenlicht in die tiefen Wasserschichten gelangen kann.

Die folgenden Pflanzen sind ausgewählte Beispiele für gute Sauer-stofflieferanten. Zudem nehmen sie den Algen die Nahrungsgrundlage und wirken dadurch auch dem übermäßigen Algenwuchs entgegen.

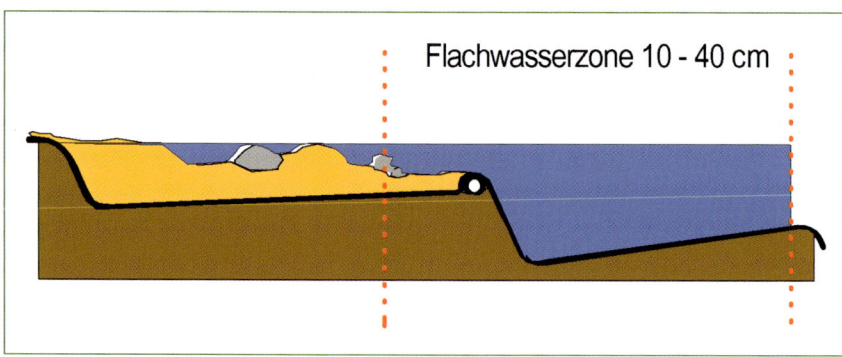

Abb. 6.3 – Profil der Flachwasserzone im Bereich von 10 bis 40 cm Wasserstand.

Pflanzenübersicht Uferbereich (mehr trocken als sumpfig):

deutscher Name	botanischer Name	Eigenschaft	natürlicher Standort	Wuchshöhe Durchschnitt in cm	Blüte-zeit *)
Sumpfdotter-blume	Caltha palustris	horstartiger, buschiger Wuchs, blüht dicht gefüllt, goldgelb; für Teichrand oder Bach	teilweise austrocknender Sumpf oder flaches Wasser	20	III - V
Mädesüß	Filipendula rubra „Venusta"	Blüten in endständigen Dolden-rispen, rosarot: Rabatten in Was-sernähe, auch am feuchten Ge-hölzrand	nährstoffreiche, lehmig-humose, frische bis feuchte Böden in voller Sonne	150	VI - VII
Japanische Sumpfiris	Iris laevigata	Wuchs aufrecht, Wurzelstock kriechend, Blüte aufrecht und schmal, blau mit gelber Mittel-rippe; an Teich- und Bachrän-dern, in Kübeln und in Wasser-becken	saure, dauernasse Bö-den in voller Sonne	70	VII - VIII
Sumpf-schwertlilie	Iris pseudacorus	Wuchs aufrecht buschig, Wur-zelstock kriechend; Blüte gelb, in der Mitte schwarz: an Teichen und Bachrändern	Sümpfe, Altwasser, feuchte bis dauernasse Böden in voller Sonne und im Halbschatten	80	VI - VII
Blutweiderich	Lythrum salicara	aufrecht, wenig verzweigt. Blü-ten in langen schmalen Rispen, violett-rot; an Teichufern und Bächen	nährstoffreiche, lehmi-ge Böden, frisch bis feucht, volle Sonne	100	VI - VIII
Perlfarn	Onoclea sensibilis	Blatt: hellgrüne, fiederschnittige Wedel; am Bachrand, unter Ge-hölzen im Schatten	Bachtal, humose, fri-sche bis feuchte Böden im kühlen Schatten	40	-
Königsfarn	Osmunda regalis	Wedel, doppelt gefiedert, hell-grün; am Teichrand, im Schat-ten, zwischen und vor Gehölzen	moorige Wälder für kalkfreie, nährstoffrei-che feuchte bis frische Böden in wechselsonni-ger Lage	150	-
Schildblatt	Peltiphyllum peltatum	blüht rosa in Doldentrauben; vor Gehölzen im Halbschatten bis Sonne, an Wasserbecken, beim Teich oder Bach	feuchte bis frische, nährstoffreiche Böden in wechselsonniger Lage	80	IV - V
Wiesenknöte-rich	Polygonum bistorta	Blüten auf festen Stielen in gro-ßen Ähren, leuchtend rosa; für Teich- und Bachränder, wüchsi-ger Bodendecker	frische bis feuchte Bö-den in voller Sonne	80	V - VIII
Trollblume	Trollius europaeus	Blüten einzeln, zitronengelb; Wuchs dichthorstig; am Ufer-rand von Teichen	nährstoffreiche, humo-se, frische Böden in Sonne bis Halbschatten	60	V - VI

*) Bei der Blütezeit werden die Monate in römischen Ziffern angegeben. Beispiel: III - V= März bis Mai

deutscher Name	botanischer Name	Eigenschaft	natürlicher Standort	Wassertiefe in cm	Wuchshöhe in cm	Blüte-zeit *)
Echter Kalmus	Acorus calamus	heimischer grüner Kalmus mit schwertförmigen Blättern und kolbenartigen Blüten; die Wurzelrhizome riechen aromatisch	am Ufer von stehenden Gewässern, Flüssen und Sümpfen	0 bis 30	80 bis 150	VII – VIII
Rundblättriger Froschlöffel	Alisma parviflora	große, langstielige, löffelartige Blätter mit lanzettlicher Form, darüber eine zierliche Blütenrispe mit kleinen weißen Blüten	schlammige Uferzonen langsam fließender Gewässer	0 bis 20	30 bis 80	VII – IX
Blumenbinse	Butomus umbellatus	schön blühende Binse, die sich für das Moorbeet genauso eignet wie für den Gartenteich	Nasswiesen, Ufer, Sumpfbereich	0 bis 20	60 bis 100	VI – VIII
Wasserdost	Eupatorium cannabinum	größere Wildstaude für den feuchten bis sumpfigen Boden, belebt den Wassergarten durch wochenlang anhaltenden Blütenflor	Nasswiesen, Bachufer, Waldränder	0 bis 2	100 bis 150	VII – X
Schilfrohr	Phragmites australis	sehr hochwüchsiges Schilfrohr, das sich zur Randgestaltung am Gartenteich eignet; auch für Sichtschutz am Teich	Sümpfe, Gewässerufer, Uferröhricht, Ränder von Seen, Verlandungszonen, Schilfgürtel	0 bis 30	300 bis 400	VII – IX
Hechtkraut	Pontederia cordata	längliche, herzförmige Blätter, lichtblaue Blütenähren; sehr schöne Sumpfpflanze.	Sümpfe, Moor, Ufer von Teichen	0 bis 30	50 bis 80	VII – IX
Pfeilkraut	Sagittaria sagittifolia	Blätter schmalpfeilförmig, Blüten weiß, im Grund purpurrot gefleckt, Ausläufer treibend	schlammige Uferzonen, Teiche, Gräben, nährstoffreiche, langsam fließende Gewässer	2 bis 30	30 bis 100	VI – VIII
Igelkolben	Sparganium simplex	lange, oft aufrecht wachsende, breite, an der Basis dreikantige Blätter; unscheinbare Blüte, dafür sehr auffällige, morgensternartige Fruchtstände	Ränder von Gräben, Teichen und Flüssen, auch im seichten Wasser; verbreitet	0 bis 20	40 bis 70	VI – VIII
Breitblättriger Rohrkolben	Typha latifolia	Blätter breit, kräftige braune Kolben, sehr wuchsfreudig, bildet kräftige Wurzeln	Sümpfe, Gewässerränder, Teichränder	0 bis 30	100 bis 200	VI – VII
Bachbunge	Veronica beccabunga	im flachen Wasser der Uferzone wächst die Pflanze zu einem guten Bodendecker heran; eignet sich, um größere Flächen (z. B. am Bachlauf) zu begrünen	Ufer, Gräben, Wasserlachen, Quellen, Bäche	0 bis 5	5 bis 10	VI – VIII

*) Bei der Blütezeit werden die Monate in römischen Ziffern angegeben. Beispiel: VII – VIII= Juli bis August

6.2 Pflanzenauswahl für die unterschiedlichen Teichzonen

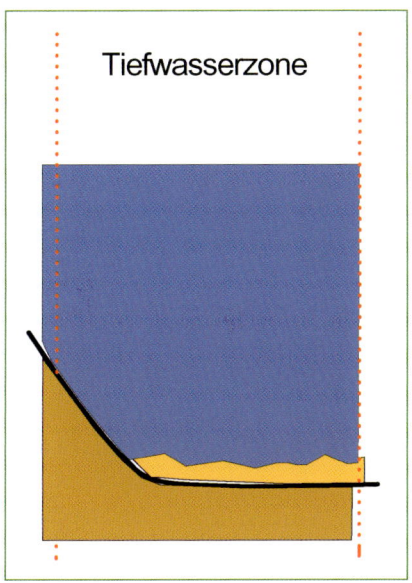

Abb. 6.4 – Die Tiefwasserzone im Bereich ab 80 cm Wassertiefe.

Abb. 6.5 – Dickblättrige Wasserpest (Egeria densa)
An der gestreckten Sprossachse sitzen dichte Quirle aus 3 bis 5 Blättern, bis 3 cm lang, 5 mm breit, mit leicht gezähnten Rändern. Die männlichen Blüten bilden eine auffällige weiße Krone und 9 keulenförmig verdickte Staubblätter. Die Pflanze ist wuchskräftig und wächst frei auf der Wasseroberfläche treibend oder eingewurzelt. Sie überdauert im tiefen Wasser den Winter.
Tiefe: 20 bis 50 cm, Standort: sonnig/halbschattig, Blütezeit: VI bis VII

Abb. 6.6 – Hornblatt oder Hornkraut (Ceratophyllum demersum)
Gestreckte, recht spröde, meist bräunliche Sprossachse, bis 200 cm lang und reichlich verzweigt. Die Quirle aus 6 bis 10 Blättern erreichen 4 cm Durchmesser. Mehrere ins Wasser gelegte Triebe entwickeln sich bald zu einem stattlichen Bestand, der viel zur Selbstreinigung des Wassers beiträgt. Meist sinken die Sprosse zu Boden und verankern sich dort durch Rhiziode, mitunter schweben sie auch frei im Wasser.
Tiefe: 50 bis 100 cm, Standort: sonnig, Blütezeit: VI bis VII

6.2 Pflanzenauswahl für die unterschiedlichen Teichzonen

Abb. 6.7 – Tausendblatt (Myriophyllum verticillatum) Stängel aufrecht, später liegend, bildet in der Regel Quirle aus 5 Blättern, bis 4,5 cm lang, kammartig aufgeteilt. Segmente fadenförmig, bis 3 cm lang. Über dem Wasser trägt die etwa 25 cm hohe Ähre Quirle mit männlichen und zwittrigen Blüten. Im weichen Wasser wachsen schöne, kräftige Girlanden. Die Pflanze überdauert mit Winterknospen. Tiefe: 30 bis 100 cm, Standort: sonnig, Blütezeit: VII bis VIII

> Bei der Wasserpest (Elodea sp.), ist es wichtig, dass jeder Stängel einzeln gepflanzt wird.

6.2.4 Die Seerose

Seerosen verdienen ein eigenes Kapitel. Ihre Verwendung und Pflege erfordert besondere Zuwendung. Wenn Sie Seerosen lieben und anpflanzen wollen, sollten Sie sich über das hier Beschriebene hinaus mit diesen Pflanzen beschäftigen. Die vielfältigen Züchtungen und Eigenarten der Seerosen können ein ganzes Buch füllen.

Wenn Sie eine Sorte ausgewählt haben, mussten Sie sich bereits über die Sortenvielfalt, das Wachstum (stark- und schwachwüchsig), die Blütenfarbe und die

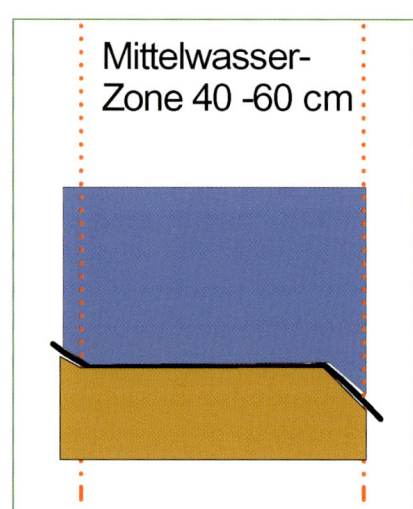

Abb. 6.8 – Im Wasserstandsbereich, Mittelwasser von ca. 40 – 60 cm fühlen sich die meisten Seerosensorten wohl. Es gibt aber auch Sorten, die es tiefer mögen.

Pflanztiefe (Wasserstandshöhe) informieren. Die meisten Sorten wachsen bei einem Wasserstand (zwischen Wurzel und Blatt) von ca. 40 – 60 cm. Die Angaben finden Sie meist auf dem Etikett beschrieben und sollten – sofern Sie sich an Ihrer Seerose freuen möchten – dringend eingehalten werden.

Seerosen vermehren sich sehr stark und müssen deshalb in einen Pflanzkorb gesetzt werden. Sie sollten auch nicht in der Mitte des Teichs und an der tiefsten Stelle gepflanzt werden, da sie dort mitten im nährstoffreichen Sediment des Teichbodens sitzen. Der Stickstoff im Sediment führt wie bei gedüngtem Salat vor allem zu Blattwachstum. Die erwarteten Blüten bleiben dann eher aus. Es ist besser, kleinere Seerosen-

> Im Handel erhältliche Seerosenkörbe sind meist zu klein. Für eine mittelwüchsige Seerose sollte der Korb zwischen 8 und 15 Liter Inhalt haben. Die Löcher der Körbe dürfen nicht verschlossen werden, es muss Luft bzw. Wasser an die Wurzel dringen.

Abb. 6.9 – Seerosenfläche im großen Naturteich

arten zu pflanzen. Sie wuchern nicht so stark, die Blätter sind kleiner und die Blüten farbintensiver.

Am Pflanzkorb der Seerose sollten Sie eine wasserbeständige Schnur befestigen. Damit bekommen Sie die Pflanze später leichter aus dem Teich heraus. Um unmäßiges Wuchern zu verhindern, sollten die Seerosen alle zwei bis drei Jahre aus dem Teich herausgenommen werden. Der Pflanzkorb ist nach dieser Zeit am Verrotten und die Wurzeln der Seerose breiten sich, sofern ihnen nicht Einhalt geboten wird, im ganzen Teich aus. Haben Sie die Pflanze aus dem Teich geborgen, sollten Sie einen Teil der Wurzeln (Rhizome) separieren und in einen neuen Korb setzen.

Um Enttäuschungen vorzubeugen, sollten Sie keine exotischen Sorten kaufen. Diese sind oft nicht winterhart. Das bedeutet, dass sie im nächsten Jahr nicht mehr austreiben.

> Torfhaltige Teicherde ist für Seerosen nicht geeignet. Besser ist ein Gemisch aus 50 % Lehm und 50 % Sand.

6.2.5 Schwimmpflanzen auf der Wasseroberfläche

Schwimmpflanzen haben in der Regel keine Verbindung zum Teichboden und schwimmen frei auf der Wasseroberfläche. Die vor allem wegen ihrer attraktiven Blätter geschätzten Schwimmpflanzen nehmen über ihre kleinen Wurzeln Nahrung aus dem Wasser auf. Sie stehen in Nahrungskonkurrenz zu unerbetenen Gästen wie Algen und können diese dadurch zurückhalten. Sie dürfen jedoch nicht zu viel von der Wasseroberfläche bedecken, da auch die Sauerstoff bildenden Unterwasserpflanzen Licht benötigen.

Viele der im Handel angebotenen Schwimmpflanzen kommen aus den Tropen und müssen bei uns im warmen Zimmer überwintern.

Im Folgenden werden winterfeste und für den Gartenteich geeignete sowie ungeeignete Schwimmpflanzen aufgeführt:

Die Krebsschere (Stratiotes aloides) ist in stehenden Gewässern Europas und Westasiens beheimatet. Die ca. 15 – 20 cm hoch wachsende Schwimmblattpflanze hat schwertförmige, grüne Blätter, die sich während der Blütezeit aus dem Wasser erheben. Die weißen Blüten sitzen auf dicken Stängeln. Die Wurzeln der Krebsschere können freischwimmend oder fest im Bodengrund verankert sein. Die Ausläufer bildende Pflanze steht unter Naturschutz. Die winterharte Krebsschere bevorzugt kalkarme, nährstoffreiche Wasserzonen mit einer Tiefe bis 2 m in sonniger bis halbschattiger Lage und ist für den Gartenteich sehr gut geeignet.

> Für alle Schwimmpflanzen gilt, dass sie zur Massenvermehrung neigen und deshalb gelegentlich abgefischt werden sollten. Ansonsten nehmen sie den Unterwasserpflanzen das Licht und erschweren den Sauerstoffaustausch des Wassers.

Abb. 6.10 – Die kleine Wasserlinse (Lemna minor) ist in stehenden oder langsam fließenden Gewässern Europas, Vorderasiens, Afrikas, Amerikas, Mauritius´ und Australiens zu finden. An dem linsenähnlichen Schwimmblattgebilde sitzt eine einzelne kleine Wurzel. Durch Teilung und Sprossung vermehrt sich die Pflanze ständig, sodass sie rasch große Wasserflächen bedeckt. Im Spätherbst lagert sie vermehrt Stärke ein. Dadurch werden die Blätter schwerer und sinken zu Boden, wo die Wasserlinse im Teichsubstrat überwintern kann.

Abb. 6.11 – Der Wassersalat (Pistia stratiotes) kommt in den Tropen und Subtropen vor. Die Pflanzen sind meist in stehendem Frischwasser und am Rand von Seen und Teichen zu finden. Sie sind für den Gartenteich nur bedingt geeignet.

7 Gestaltung von Licht und Wassereffekten

99

Die Abende am Gartenteich können noch intensiver werden, wenn die Wassergestaltung dezent beleuchtet wird. Im Handel gibt es eine Vielzahl von Produkten, die in und um den Gartenteich eingebaut werden können. Es gibt sowohl Unterwasserscheinwerfer als auch Strahler oberhalb der Wasseroberfläche, z. B. in LED-Technologie.

7.1 Leuchtenarten

LED-Leuchten eignen sich sehr gut für die dekorative Beleuchtung von Gestaltungselementen wie Bachläufen und Findlingen am Teich. In Verbindung mit sprudelndem Wasser werden faszinierende Lichtspiele erzeugt. Schöne Lichteffekte am Uferrand lassen sich mit Kugel- und Zylinderleuchten oder Strahlern kreieren. Aber auch den Teich selbst können Sie in ein dezentes Lichtermeer verwandeln. Mit Schwimmleuchten und farbigen Unterwasserstrahlern gestalten Sie Ihr ganz eigenes Wasserkunstwerk.

Bei aller Begeisterung sollte die Beleuchtung aber so gestaltet werden, dass die Wassertiere nicht unnötig gestört werden. Solarleuchten haben da den Vorteil, dass sie irgendwann in der Nacht von alleine ausgehen – nämlich dann, wenn der Akku leer ist.

Abb. 7.1 – Dezente Beleuchtung am Wasser. Quelle (1)

7.1.1 Beleuchtung mit LEDs

Lichtquellen mit LEDs sind effizient und brauchen wenig Strom. Der Wirkungsgrad einer weißen 1-W-LED kommt heute bereits an die Effizienz üblicher Energiesparlampen heran. Gleichzeitig ist aber die Schaltungstechnik wesentlich einfacher und damit die Haltbarkeit auch dauerhafter.

LEDs sind für den Einsatz in und um den Gartenteich gut geeignet, da sie eine extrem lange Lebensdauer haben – die Hersteller sprechen von 50.000 bis 100.000 Stunden. Das wäre eine Lebensdauer von 17 bis über 30 Jahre bei einer täglichen Nutzungszeit von acht Stunden. Diese Haltbarkeit hängt aber auch von verschiedenen Faktoren wie z. B. der Betriebstemperatur ab.

Unauffällig eingebaut, strahlen LED-Leuchten die Ufergestaltung des Gartenteichs bei Dunkelheit zauberhaft an und verbrauchen dabei nur wenige Watt Energie. Sie können durch Dämmerungssensoren geschaltet werden und sind für viele Jahre nahezu wartungsfrei.

Die Niedervolt-LED-Technik hat im Garten entscheidende Vorteile. Die Leuchtkörper sind sehr klein und unauffällig. Sowohl die Leuchtenposition als auch die Beleuchtungsstärke und der Strahlungswinkel können problemlos an die gewünschte Situation angepasst werden.

Die Niedervolttechnik erlaubt vor allem im Wasserbereich einen gefahrlosen Umgang. Selbst wenn die Zuleitung versehentlich beschädigt wird, besteht keine Gefahr, dass Sie einen Stromschlag bekommen.

Abb. 7.2 – a) Teichleuchte in Position bringen, **b)** Kugelteichleuchten, **c)** beleuchteter Wasserfall. Quelle (1)

7.1.2 Beleuchtung mit Solarenergie

Die Solartechnik bietet Ihnen eine ganze Reihe von Vorteilen. Mit ihr können Sie die drahtlose Energie zum Nulltarif für Ihren Gartenteich mit meist vorkonfektionierten Modellen aus Leuchte und Solarmodul nutzen. Entweder wählen Sie das in der Leuchte integrierte Solarmodul oder ein separates steckfertiges Modul für die optimale Energieernte.

Wichtig ist, darauf zu achten, dass die Solarmodule eine gute Qualität haben und damit einen hohen Wirkungsgrad erzielen. Einfache Steckverbindungen helfen dabei, die Leuchten unkompliziert verdrahten zu können. Dank der Niedervoltausführung haben Sie einen sicheren Betrieb speziell in Verbindung mit Wasser. Nicht zuletzt ist die Unabhängigkeit vom Stromnetz und die damit verbundene Flexibilität bei der Wahl des Aufstellungsorts ein weiteres wichtiges Argument.

an)

7.2 Wassersprudler und Zubehör

Je nach Teichart gibt es einfache Wassersprudler in Verbindung mit netzbetriebenen oder solarbetriebenen Tauchpumpen. Zu bedenken ist jedoch, dass sich der bepflanzte und mit Wassertieren belebte Naturteich eher weniger für die Ausstattung mit einem Wassersprudler eignet. Dieser kann aber z. B. besser seitlich des Teichs oder im Bereich des Bachs sinnvoll eingebunden werden. Die im Handel angebotenen Tauchpumpen sind meist mit allem erforderlichen Zubehör, wie Rohraufsätzen und unterschiedlichen Düsen sowie ausreichend langem Kabelanschluss, ausgestattet. Sie sollten aber darauf achten, ob die Pumpe auch trocken laufen kann, ohne dabei Schaden zu nehmen.

Mit ferngesteuerten Steuergeräten können z. B. einzelne Wasserspielpumpen vom Terrassenstuhl aus ein- und ausgeschaltet oder Wassersprudelfontänen stufenlos gesteuert werden. Aber auch über Zeitschaltuhren mit elektronischem Timer mit 24-h-Zeitschaltprogrammen und Bewegungsmelder lassen sich Wasserspiele und Lichtgestaltungen bewusst regeln.

Abb. 7.3 – Solarbetriebener Wassersprudler. Quelle (2)

8   Die Pflege des Teichs

In diesem Bereich herrscht sehr viel Verunsicherung und so kommen die Empfehlungen zur Teichpflege oft von den Herstellern der Teichtechnik und den Herstellern biologischer und chemischer Mittel. Diese wollen ihre Produkte so gut wie möglich verkaufen.

8.1 Teichpflege einfach und angemessen

Erinnern Sie sich an die weiter oben beschriebenen natürlichen Eigenarten und Funktionen eines Teichs. Lassen Sie sich nicht verunsichern und orientieren Sie sich an Ihren Beobachtungen und Ihrem Wissen über die Natur. Manchmal bedeutet weniger Einflussnahme mehr Unterstützung der natürlichen Prozesse. Gerade im Frühjahr ist das Teichgefüge hochsensibel. Im Winter geht der Sauerstoffvorrat stark zurück und im zeitigen Frühjahr ist das Teichsystem an der Belastungsgrenze. Wenn Sie zu viel darin herumrühren, absaugen und pumpen, schaden Sie Ihrem Teich mehr, als Sie ihm helfen. Einige Beispiele werden das verdeutlichen:

Das Beste ist, wenn Sie sich zuerst einmal an Ihrem Gartenteich erfreuen und dann entscheiden, welche der aufgeführten Arbeiten nun erforderlich sind.

Arbeiten im Frühling:
Bis Ende Februar sind, bis auf die Kontrolle des *Eisfreihalters*, keine pflegerischen Maßnahmen erforderlich.

Ab März steigen meist die Temperaturen an und das Lichtangebot nimmt zu.

Jetzt können abgestorbene Pflanzenteile ca. 5 – 10 cm über der Wasseroberfläche abgeschnitten werden. Bei Bedarf sind tote Fische herauszunehmen.

Auch wenn es schwerfällt, sollte man den Teich am besten so weit wie möglich in Ruhe lassen.

Arbeiten im Frühsommer – Sommer:
Wenn erforderlich, kann man nun neue Pflanzen einsetzen.

Als Ausgleich zum verdunsteten Wasser ist Regen-/Leitungswasser nachzufüllen. Ferner sollte man den pH-Wert und den Härtegrad des Wassers testen. Bei Sauerstoffmangel ist der Teich eventuell zusätzlich zu belüften.

Abgestorbene Pflanzenteile sollte man abschneiden. Die Fische sind möglichst wenig bis gar nicht zu füttern.

Aktion	Biologische Reaktion
Bioteichreiniger gegen Algenbildung wird ins Wasser gegeben.	Die Algen sterben ab, statt Sauerstoff entstehen vermehrt Faulgase.
Tauchpumpen zur Wasserumwälzung werden eingeschaltet, sobald der Schnee schmilzt.	Das im oberen Bereich noch eiskalte Wasser wird mit dem unteren, wärmeren Wasser vermischt. Dadurch wird die natürliche Schichtung zerstört.
Ein Wasserspiel-Pumpenset wird eingesetzt.	Der im Wasser befindliche Sauerstoff wird zerstört.
Teichschlamm wird abgesaugt.	Ablagerungen werden aufgewühlt, Faulgase verseuchen das Wasser.
Teichpflegemittel für akute Wasserprobleme werden eingebracht.	Der natürliche Reinigungsprozess wird ausgebremst.

Arbeiten im Spätsommer (August/September):
Schwimmpflanzen sind abzuschöpfen, stark wuchernde Pflanzen auszulichten und bei Bedarf Algen abzuschöpfen. Bei starkem Nährstoffeintrag muss man Schlamm und Algen absaugen.

Wenn es erforderlich ist, ist jetzt der richtige Zeitpunkt, den Teich auszuräumen und neu anzulegen.

Arbeiten im Herbst/Winter:
Schwimmpflanzen sind abzuschöpfen und stark wuchernde Pflanzen auszulichten. Unterwasserpflanzen sollte man belassen (sie liefern im zeitigen Frühjahr den

Achtung

Wenn die Wassertemperatur unter 12 °C sinkt, dürfen Fische nicht mehr gefüttert werden, da sie das Futter nicht mehr verdauen können und zugrunde gehen können.

Sauerstoff). Den Schlamm sollte man jetzt nicht mehr absaugen, denn es könnten darin sich Wassertiere befinden (Überwinterung).

Dafür ist aber Laub abzufischen bzw. ein Laubschutznetz über den Teich zu spannen und am Rand zu befestigen. Filterpumpe und Bachlauf (wenn vorhanden) werden so lange wie möglich betrieben (Sauerstoffeintrag), entstehende Faulgase können entweichen.

Frostgefährdete Pflanzen und empfindliche Tiere sind zu entnehmen. Fische dürfen nur im Teich bleiben, wenn dieser tiefer als 80 cm ist.

Eisfreihalter sind einzusetzen (siehe auch die folgenden Kapitel). Das vollständige Zufrieren der Teichoberfläche wird dadurch verhindert und es können entstehende Faulgase entweichen.

Ein richtig geplanter und angelegter Teich bereitet meist weniger Probleme als Ihr Computer. Voraussetzung dafür ist natürlich ein gut funktionierendes biologisches System.

8.2   So bringen Sie den Teich gut über den Winter

Meistens gibt es ab Dezember die ersten strengen Bodenfröste, die die Teichoberfläche zufrieren lassen. Die Wassertemperatur liegt, vor allem bei größeren Teichen, in Bodennähe oft noch weit über +5 °C. Das bedeutet, dass die im Teich überwinternden Tiere (z. B. Amphibien) noch nicht in Winterstarre verfallen sind und noch nicht vollständig auf Hautatmung umgestellt haben. Daher sollte auf jeden Fall ein Teil der Wasseroberfläche eisfrei gehalten werden, damit die Amphibien Luft atmen können.

Bei zunehmend kälteren Außentemperaturen sinkt auch die Wassertemperatur. Das besondere am Element Wasser ist, das es bei +4 °C am schwersten ist und sich dadurch am Teichboden sammelt. Somit bleibt das Wasser am Grund eisfrei, während es im oberen Bereich gefriert. Durch ausreichende Wassertiefen von mindestens 1 m können die Teichbewohner somit gut über-

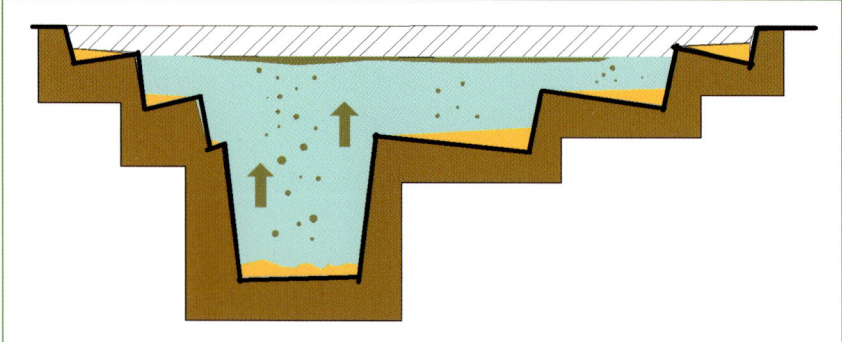

Abb. 8.1 – Vergiftung durch Faulgase, die nicht entweichen können. Von oben nach unten: Eisschicht, Faulgas, Wasser, Schlamm mit Faulgasen.

wintern. Im Winter arbeiten aber die Bakterien im Teichsubstrat weiter und dabei entstehen giftige Gase (z. B. Schwefelwasserstoff, riecht nach faulen Eiern). Diese sammeln sich unter der geschlossenen Eisschicht und können zu Vergiftungen führen, an denen die Fische, Kröten und Frösche dann sterben.

Wird das Teichwasser z. B. mittels einer Pumpe umgewälzt oder bewegt, durchmischen sich die oberen eiskalten mit den wärmeren darunterliegenden Wasserschich-

Die oft empfohlene Verwendung von Strohbündeln als Öffnung durch das Eis ist ungeeignet, da sie sich mit Wasser vollsaugen und somit durchfrieren. Weiterhin belasten sie bei ihrer faulenden Zersetzung durch Bakterien das Wasser zusätzlich.

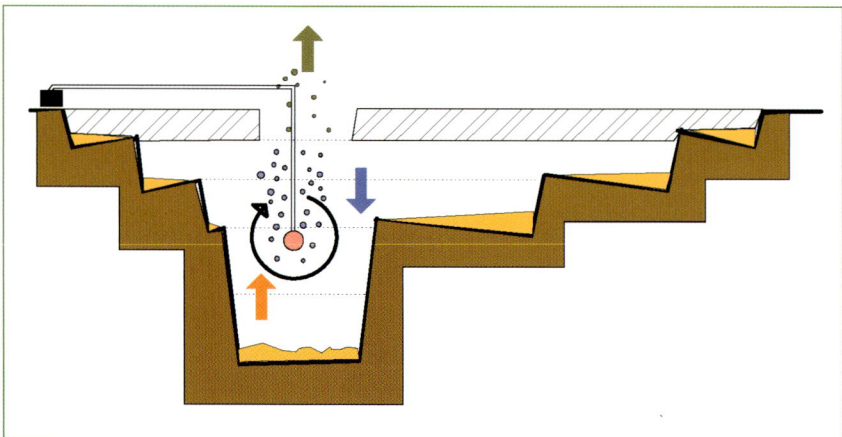

Abb. 8.2 – Durchmischung der Wärmeschichtung durch Umwälzung oder künstliche Belüftung.

ten. Dies trägt dann dazu bei, dass die Oberfläche an dieser Stelle zunächst nicht vereist.

Dabei wird aber das warme Wasser aus den tieferen Wasserschichten abgekühlt und die Wassertemperatur im gesamten Teich sinkt auch dort unter +4 °C. Sinkt die Temperatur auf 0 °C oder noch tiefer, kann der ganze Teich in kurzer Zeit bis auf den Boden gefrieren und vereisen und die am Teichgrund überwinternden Wassertiere werden eingefroren und sterben.

Wenn Sie eine Öffnung in der Eisschicht erhalten wollen, hilft bei nicht zu tiefen Außentemperaturen ein *Eisfreihalter*, den Sie sich auch selbst anfertigen können. Er besteht aus einer min. 5 cm dicken Styropor- oder Styrodur-Platte (Baumarkt), die in der Mitte ein Loch erhält, und einem passenden Deckel (luftdicht!) mit einer weiteren Platte. In dem Hohlraum der ringförmigen oder vieleckigen unteren Platte können sich die Faulgase sammeln. Wenn Sie nun hin und wieder den oberen Deckel ein Stück anheben, können die Gase entweichen. In der Regel reicht es, dies alle 1-2 Wochen einmal zu tun, wenn die Wasseroberfläche gefroren ist. Wenn möglich, sollte der Eisfreihalter an einem auch im Winter sonnigen Bereich des Gartenteichs verankert werden.

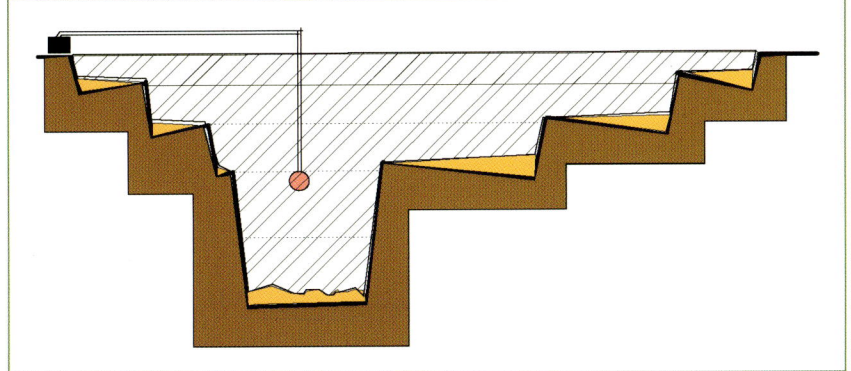

Abb. 8.3 – Wenn das Teichwasser komplett durchfriert, müssen die am Teichgrund überwinternden Tiere sterben.

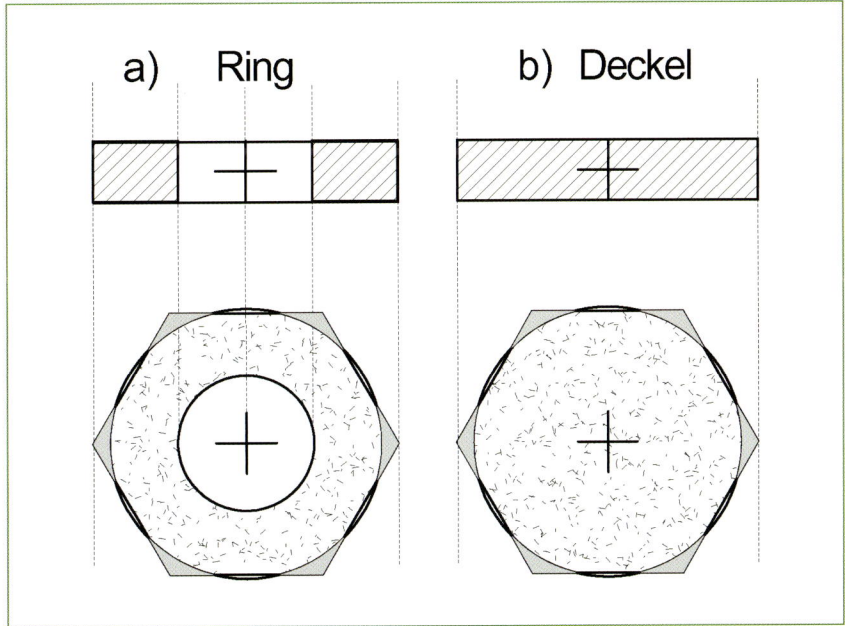

Abb. 8.4 – Eisfreihalter im Selbstbau: **a)** Styroporring oder Vieleck, ca. 5 – 10 cm hoch, **b)** Deckel, 10 cm dick. Der Durchmesser sollte mindestens 50 cm betragen, die Wanddicke des Rings mindestens 10 cm. Durch die Verwendung eines Eisfreihalters aus Styropor können die im Teich entstehenden Faulgase auch bei gefrorener Eisschicht entweichen.

8.2 So bringen Sie den Teich gut über den Winter

Der Eisfreihalter wird auf der Wasseroberfläche über der tiefsten Stelle im Teich mit Schnüren oder einem Anker fixiert, damit er – solange das Wasser noch nicht gefroren ist – nicht wegtreiben kann. Ein Stein verhindert das Abheben des Deckels bei Herbststürmen. Für den Fall, dass Sie mit dem Deponieren des Eisfreihalters zu spät dran sind, sollten Sie kein Loch in die Eisschicht schlagen, da dadurch die in der Winterruhe befindlichen Tiere gestört werden. Besser ist es, Sie setzen einen großen Topf mit heißem Wasser auf die Eisschicht und schmelzen so ein Loch hinein.

In Gegenden mit milden Wintern kann man, wenn die Temperaturen nicht zu tief sinken und die Frostperiode nicht zu lang andauert, auch ein Loch in die dünne Eisdecke schmelzen (nicht schlagen!) und etwas Wasser herausnehmen oder abpumpen, sodass eine Luftschicht zwischen Wasser und Eis entsteht. Das Loch im Eis sollte dann ebenfalls mit einer Styroporplatte abgedeckt werden.

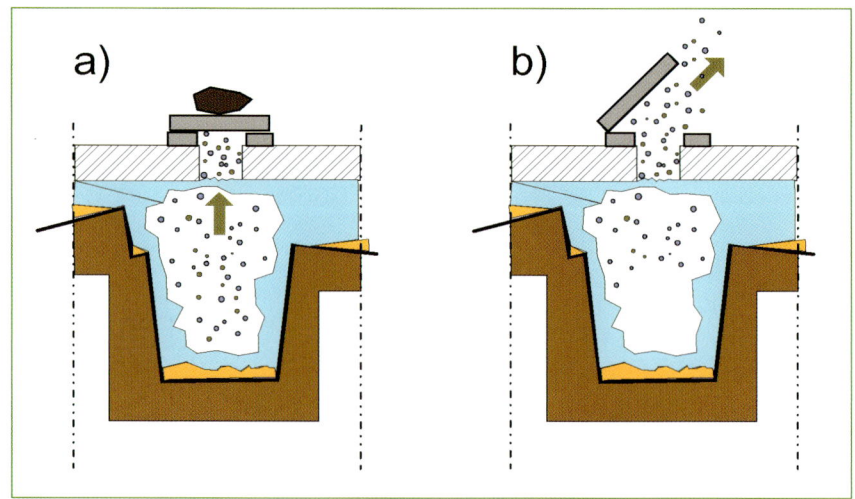

Abb. 8.5 – Prinzip und Funktion des selbst gebauten Eisfreihalters. **a)** Die Faulgase aus dem Schlammgrund sammeln sich unterhalb des Eisfreihalters. **b)** Durch Anheben des Deckels können sie entweichen. Eine permanente Öffnung zur Entlüftung der Faulgase würde das Wasser im Behälter früher gefrieren lassen.

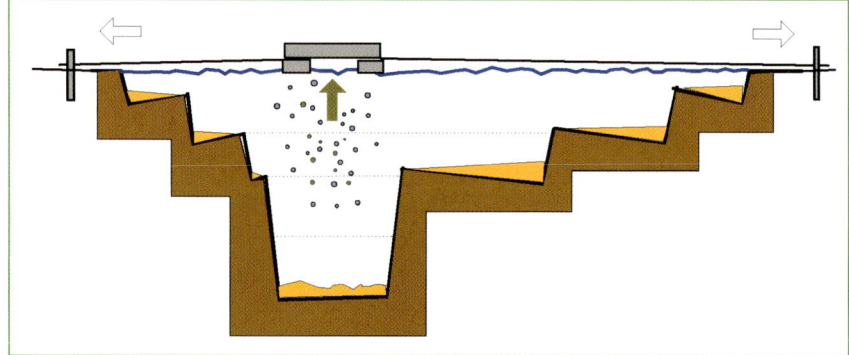

Abb. 8.6 – Eisfreihalter über der tiefsten Stelle des Gartenteichs, mit Schnüren fixiert.

8.3 Der richtige Zeitpunkt für die Reinigung

Gartenteiche können etwa alle 5 bis 7 Jahre einer Grundreinigung unterzogen werden. Dabei geht es vor allem um die Entfernung des Schlamms, der sich am Teichgrund angesammelt hat. Dort bilden sich aufgrund von Vergärungsprozessen Faulgase, die sich auf Dauer negativ auf alle biologischen Prozesse im Teich auswirken können. Die optimale Zeit ist von September bis Oktober, denn während der Vegetationszeit sollte diese Maßnahme nicht durchgeführt werden. Gerade im Sommer kämen dabei zu viele der ökologisch wichtigen Libellenlarven zu Schaden. Selbst im Spätsommer ist das leider nicht ganz zu vermeiden. Die Verluste können jedoch relativ einfach so gering wie möglich gehalten werden. Wenn man den aus dem Teich entfernten Mulm einen Tag lang auf einer Folie direkt neben dem Teich lagert (möglichst im Schatten), haben die meisten Libellenlarven die Möglichkeit, wieder von selbst in den Teich zurückzukehren.

8.4 Grünes und trübes Wasser – häufige Ursachen

Oft liegt es an Fischen, dass das Teichwasser trüb bleibt, denn bei Fischbesatz ist es schwieriger, eine gute Wasserqualität zu erreichen und zu erhalten. In einem Teich ohne Fische stellt sich rasch ein biologisches Gleichgewicht ein. Daher muss bei Fischteichen die Wasserqualität das ganze Jahr überprüft und der Fischbestand kontrolliert und entsprechend reduziert werden.

Im Teich spielen zwei Algenarten eine Rolle: *Schwebealgen* und *Fadenalgen*. Schwebealgen sind winzige Algen, die sich durch einen Filter aus dem Wasser herausfiltern lassen. Meist ist das jedoch nicht nötig, denn nach Einstellen eines biologischen Gleichgewichts verschwinden die Schwebealgen von alleine wieder.

Das Vorhandensein von Fadenalgen ist ein durchaus positives Zeichen. Es spricht für die biologische Qualität und Stabilität eines Teichs. Darüber hinaus sind Fadenalgen aber auch ein Indikator für einen Überhang an Stickstoff. Diese Algenart findet sich immer nur im Randbereich der Teiche. Das restliche Wasser ist klar. Treten Fadenalgen übermäßig auf, müssen sie aus dem Teich entfernt werden. Beim Absterben geben sie Stickstoffverbindungen an den Teich zurück, wodurch sich die Nährstoffkonzentration im Teich erhöht. Zersetzende Fadenalgen lassen sich an der Bildung grünlichen Schaums erkennen.

Durch Filtersysteme lassen sich Fadenalgen nicht aus dem Teich entfernen. Hier bleibt nur das manuelle Entfernen. Im Sommer sollten Sie alle drei bis vier Wochen alle Algen abfischen. Dazu eignen sich Kescher, wie sie vom Fachhandel angeboten werden, am besten. Setzen Sie keinen Rechen oder andere spitze Werkzeuge ein. Dabei könnte die Teichfolie beschädigt werden.

Durch eingesetzte Wasserpflanzen wie Wasserhyazinthe, Wassersalat und andere freischwimmende Pflanzen und Unterwasserpflanzen reduziert sich der Stickstoffgehalt und die Algen gehen zurück. Sie entziehen dem Teich Nährstoffe und beugen so indirekt einer Fadenalgenverbreitung vor.

Algenprobleme treten – wenn der Teich richtig angelegt wurde – nur in den ersten zwei Jahren auf. In dieser Zeit befinden sich noch zu viele Nährstoffe im Wasser, die erst abgebaut werden müssen. Algen weisen immer auf einen Überhang an Stickstoff hin.

Präparate gegen Fadenalgen auf Kupferbasis, wie z. B. *Algen-Killer*, verändern den pH-Wert des Wassers. Sie hemmen so kurzfristig die Fadenalgenvermehrung, schädigen aber die Teichbiologie. Es gibt Flockungsmittel, die auf die Fadenalgen aufgestreut werden. Dadurch kommt es zur Zerstörung der Zellstruktur (und damit der Fadenalgen). Leider ist danach das Abfischen der zerstörten Algen sehr mühsam. Außerdem können Mikroorganismen gegen Fadenalgen eingesetzt werden. Die Wirkung ist sehr gut und hält ca. 2 bis 3 Monate an. Es ist allerdings Vorsicht geboten, denn sie benötigen Sauerstoff. Infolge der Zersetzung der Fadenalgen wird Nitrat freigesetzt, das im Teich verbleibt.

Der Einsatz chemischer Substanzen und Medikamente (z. B. zur Algenbekämpfung oder zur Behandlung von Fischkrankheiten) greifen in das biologische Gleichgewicht des Teichs ein und schaden mehr, als sie nutzen. Selbst wenn ein Teil des Fischbesatzes durch Krankheiten verloren gehen sollte, werden die Fische meist durch die natürliche Vermehrung anderer Fische im Gartenteich wieder ersetzt.

Algen sind meist ein Übergangsstadium oder weisen auf zu viele Nährstoffe im Gartenteich hin.

8.4 Grünes und trübes Wasser – häufige Ursachen

Auf keinen Fall dürfen chemische Präparate zur Algenbekämpfung verwendet werden. Die Algen sollten zur Not per Hand oder mit einem Stock entfernt werden. Weiterhin sollte zuerst das Teichgleichgewicht verbessert werden. Dies kann z. B. durch Reduzieren der Futtermenge oder durch den Bau einer Sumpfzone geschehen. Auch Algen fressende Teichtiere (z. B. Wasserschnecken) sind hilfreich.

Hausmittel zur Reduzierung von Fadenalgen

Stopfen Sie Gerstenstroh vom Ökobauern (ohne Spritzmittel) zusammen mit einem Stein in einen wasserdurchlässigen Kunststoffsack und versenken Sie ihn im Teich. Die im Wasser lebenden Bakterien brauchen zum Verarbeiten von Stickstoff auch Kohlenstoff und können ihn nun aus den Zersetzungsprodukten des Gerstenstrohs beziehen. So arbeiten sie besser und effektiver an der Umsetzung. Dadurch gibt es weniger Nitrat im Teichwasser und die Fadenalgen „verhungern". Ein 25-kg-Kartoffelsack ist groß genug für Gerstenstroh für ein Wasservolumen von 15 – 20 m³.

Abb. 8.7 – Teich mit starkem Algenwachstum

Durch Füttern der Fische und/oder durch eine falsche Bauweise des Teichs kommt es immer wieder zu Algenproblemen – auch nach vielen Jahren.

Wenn der Teich zu viele Nährstoffe enthält, vermehren sich Algen übermäßig stark. Das Wasser wird grün. Die Algenbekämpfung ist dann oft schwierig und zeitaufwendig.

Das Beste ist die Vorsorge: Den Teich mit Trinkwasser auffüllen, keinen Torfboden verwenden und Blätter und abgestorbene Pflanzen entfernen.

Ansonsten gilt es, die Ursache für das Algenwachstum anzupacken. Das Nährstoffüberangebot im Teich muss abgebaut werden. Eine Sumpfbeetkläranlage (Filterteich) kann wirkungsvoll den Nährstoffgehalt im Teich senken und sogar trübe, grüne Teiche reinigen.

Das schmutzige, warme und veraltete Wasser wird aus dem Teich in den Filterteich gepumpt, der reinigende Pflanzen beinhaltet. Diese nehmen dort die Nährstoffe auf und geben Sauerstoff ins Wasser ab. Sand und Wurzelwerk filtern zudem Schmutzstoffe heraus. Über den Überlauf des Filterbeckens läuft das gereinigte Wasser von selbst über einen Bach mit kleinen Wasserfällen (die den Sauerstoffgehalt erhöhen) in den Teich zurück.

8.5   Biochemie im Gartenteich

Der Kreislauf im Teich beginnt damit, dass absterbende Pflanzenteile und eventuelle Ausscheidungen der Fische auf den Teichgrund absinken. Im Wasser befinden sich nützliche Bakterien, die aus diesen Reststoffen Eiweißbausteine herstellen. Dieses Eiweiß wird durch Mikroorganismen unter Sauerstoffverbrauch in Ammonium (NH_4^+) und einen geringen Teil Ammoniak (NH_3) umgewandelt. Während dieses Vorgangs, der als *Nitrifikation* bezeichnet wird, entsteht über die Zwischenstufe Nitrit (NO_2^-) und der Pflanzennährstoff Nitrat (NO_3^-). Dieser ist für Fische ungiftig und wird von den Teichpflanzen gern als Nährstoff aufgenommen. Dieser chemische Prozess entzieht dem Wasser Sauerstoff. Solange ausreichend Sauerstoff vorhanden ist und nicht zu viele Abfallstoffe umzusetzen sind, funktioniert dieser sich ständig wiederholende Vorgang problemlos.

Das Dilemma beginnt, wenn der Sauerstoff knapp wird. Dann fängt das große Sterben an und die Bakterien versuchen, all die anfallenden Stoffe gut zu „versorgen".

Der Teich ist ein sensibles Gesamtsystem. Normalerweise merken wir nicht, durch welche komplexen, komplizierten Prozessen es funktioniert.

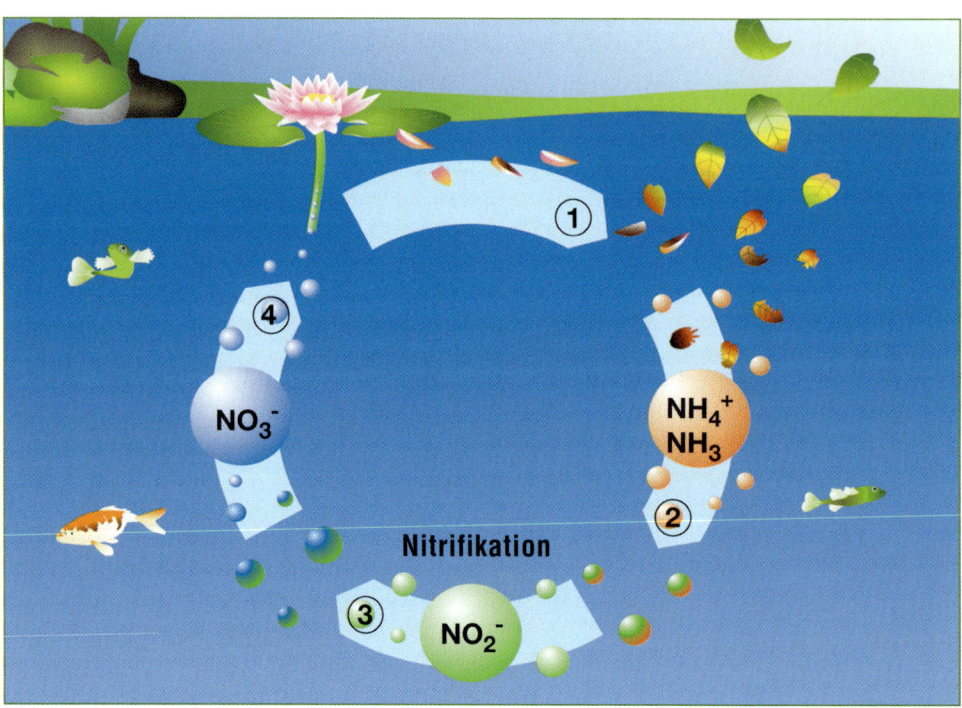

Abb. 8.8 – Der Kreislaufprozess im Gartenteich. Quelle (3)

8.6 Feststellen der Wasserqualität

Grünes Wasser muss nicht zwangsläufig von schlechter Qualität sein. Wasser hat ein ganz spezielles Eigenleben mit Eigenschaften, die nicht auf den ersten Blick erkennbar sind. Es ist hart oder weich, sauer oder alkalisch und enthält Stoffe, die für Tiere und Pflanzen nützlich oder schädlich sein können. Unser Geruchs- und Geschmackssinn verrät viel über gute und schlechte Wasserqualität. Wasser kann energetisch aufgeladen und lebendig sein, aber auch tot.

Damit Sie etwas gegen schlechtes Teichwasser unternehmen können, ist es sehr wichtig für Sie zu wissen, wovon zu viel oder zu wenig im Wasser enthalten ist.

8.6.1 Härtegrad des Wassers

Die Gesamthärte des Wassers wird durch unterschiedlich hohe Anteile verschiedener Salze (z. B. Kalzium- und Magnesiumsalze) definiert. Bei einem hohen Anteil an gelösten Salzen wird Wasser als *hart*, bei niedrigem Gehalt als *weich* bezeichnet. Der normale Wert liegt zwischen 6 °dH und 16 °dH (°dH = Grad deutscher Härte).

Der im Wasser gelöste Anteil dieser und weiterer Salze (Bikarbonate) wird als *Karbonathärte* bezeichnet. So enthält das Wasser in Gebieten mit natürlich anstehendem Kalkgestein vermehrt Kalzium- und Magnesiumsalze, die an Kohlensäure (H_2CO_3) gebunden sind. Für die Analyse stehen geeignete und preiswerte Messverfahren zu Verfügung. 1 °dH entsprechen 10 mg Kalziumoxid pro Liter Wasser.

8.6.2 Karbonathärte (KH) des Teichwassers

Es ist wichtig, die Karbonathärte des Teichwassers zu kennen, da dieser Wert mit dem Kohlendioxidgehalt (CO_2) und dem pH-Wert des Wassers eng verknüpft ist. Ein niedriger KH-Wert von unter 3 °dH kann dazu führen, dass die zu geringe Menge an Bikarbonat den

Einflussnahme auf die Karbonathärte

Die Gesamthärte und die Karbonathärte können Sie senken, indem Sie Ihrem Gartenteich sauberes Regenwasser beimischen. Der Wert sollte dabei nicht unter 4 °dH abgesenkt werden. Umgekehrt können Sie einen zu geringen Härtegrad durch Zugabe von Wasser, das eine höhere Karbonathärte aufweist (z. B. Leitungswasser), erhöhen oder zusätzlich kalkhaltiges Gestein (z. B. Marmor- bzw. Dolomitsplitt) in den Gartenteich einbringen.

pH-Wert nicht ausreichend puffern kann und somit ständig Veränderungen des pH-Werts auftreten. Bei einer KH von 1 sind nur geringe Mengen an Karbonaten gelöst und es handelt sich um weiches, für den Gartenteich ungeeignetes Wasser. Bei 15 KH handelt es sich um sehr hartes Wasser. Die Karbonathärte in Teichen sollte bei mittleren Werten zwischen 4 °dH und 8 °dH liegen.

8.6.3 Der pH-Wert des Wassers

Der pH-Wert zeigt die im Wasser gelösten sauren und basischen Stoffe an, die das Wasser entweder durch eine Säure ansäuern oder durch eine Lauge alkalisch werden lassen. Chemisch reines Wasser weist einen pH-Wert von 7 auf und wird als *neutral* bezeichnet.

Je mehr Säuren im Wasser vorhanden sind (z. B. durch den sauren Regen), desto stärker sinkt der pH-Wert (eine Änderung von pH 7 auf pH 6 bedeutet eine Verzehnfachung der Säuremenge). Bei Werten unter pH 7 ist das Wasser somit im sauren Bereich, über pH 7 im alkalischen Bereich (Lauge).

Sämtliche Wassertiere, Pflanzen und Mikroorganismen reagieren sehr empfindlich auf starke Veränderungen des pH-Werts. Dieser kann z. B. durch einen ungeeigneten Karbonatwert stark schwanken und un-

8.6 Feststellen der Wasserqualität

terliegt dazu Einflüssen, die durch jahreszeitliche Veränderungen im Wasser hervorgerufen werden. Wenn die Bikarbonate als Puffer aufgebraucht sind (KH kleiner als 1 – 2 °dH), kann sich der pH-Wert in kurzer Zeit auf problematische Werte unter pH 5,5 (z. B. bei Nachfüllen mit saurem Regenwasser) verändern. Dem gegenüber

kann im Hochsommer bei starkem Algen- und Pflanzenwuchs der pH-Wert auf über 9 – 10 ansteigen. Das liegt daran, dass die Pflanzen dem Wasser durch Fotosynthese CO_2 entziehen.

Der pH-Wert kann mit Wassertests (z. B. Lackmuspapier) einfach nachgewiesen werden. Auch elektroni-

Abb. 8.9 – Wassertest-Set in der Anwendung. **a)** Dose mit Teststreifen, **b)** Teststreifen in einer Wasserprobe, **c)** und **d)** Auswertung der Wasserwerte anhand der Farbskala.

sche Geräte liefern genaue Ergebnisse bei einfachster Anwendung. PH-Werte zwischen 7 und 7,5 sind ideal, bis 8,5 können sie noch akzeptiert werden.

8.6.4 Kohlendioxid und Sauerstoff des Wassers

Im Gartenteich ist ein ausreichender Sauerstoffgehalt lebenswichtig. Wassertiere, Mikroorganismen und Pflanzen benötigen Sauerstoff (O_2). Durch den Bewuchs des Teichs mit Wasserpflanzen (tagsüber O_2-Abgabe, nachts O_2-Verbrauch), Art und Anzahl der Wassertiere (O_2-Verbraucher) wird die Sauerstoffbilanz beeinflusst. Infolgedessen schwankt der Sauerstoffgehalt innerhalb von 24 Stunden stark. Pflanzen und Algen erzeugen tagsüber bei Licht viel mehr Sauerstoff, als sie nachts verbrauchen. Dadurch kann mittags bis abends eine O_2-Übersättigung, morgens aber ein Sauerstoffdefizit im Gartenteich gemessen werden.

Die Sättigungskonzentration, die sich im Wasser bei Kontakt mit atmosphärischer Luft (ca. 20 % O_2) einstellt, ist im Wesentlichen von der vorherrschenden Wassertemperatur abhängig. Sie wird in mg/l O_2 angegeben.

Testen Sie den O_2-Gehalt vor allem dann, wenn Anzeichen für einen Sauerstoffmangel erkennbar sind, z. B. bei verstärkter Notatmung der Fische an der Was-

Wassertemperatur °C	mg O_2 pro Liter
5	12,8
10	11,3
15	10,1
20	9,1
25	8,3
30	7,6
35	6,9

Abb. 8.10 – Sauerstoffkonzentration (100 % Sättigung) abhängig von der Wassertemperatur. Die in der Tabelle angegebenen Sättigungswerte sollten möglichst nicht um mehr als 25 % unterschritten werden.

Einflussnahme auf den Sauerstoffgehalt

Fördern Sie das Unterwasserpflanzenwachstum (z. B. mit dem Tausendblatt), denn Unterwasserpflanzen sind neben Algen die Hauptsauerstofflieferanten. Reduzieren Sie gegebenenfalls zu hohen Fischbesatz und die Fütterung. Achten Sie darauf, dass so wenig organisches Material wie möglich in den Teich gelangt.

seroberfläche und bei besonders hohen Wassertemperaturen.

8.6.5 Nitrit

Auch den Nitritwert können Sie durch einfache Messverfahren bestimmen. In einem Gartenteich sollte bei guter Funktion kein Nitrit nachweisbar sein. Hohe Nitritwerte weisen auf eine Störung des biologischen Gleichgewichts hin. Zum einen kann die Anzahl nützlicher Bakterien zu gering sein oder die Abbaufähigkeit reicht durch zu hohen Fischbesatz/häufige Fütterung nicht aus. Zum anderen wird möglicherweise die Bakterientätigkeit durch zu wenig Sauerstoff im Wasser gehemmt.

Kohlendioxid

Kohlendioxid (CO_2) ist eine wichtige Grundlage für Pflanzen und Wasserpflanzen (Fotosynthese). Die Pflanzen nehmen tagsüber CO_2 auf und geben Sauerstoff ab. In der Nacht kehrt sich der Prozess um. Zu niedrige Konzentrationen beeinträchtigen das Wachstum der Unterwasserpflanzen, zu viel CO_2 ist ungesund für die Wassertiere. Die optimale Konzentration von CO_2 im Gartenteich liegt bei 5 bis 15 mg/l.

8.6 Feststellen der Wasserqualität

Die Nitritkonzentration im Gartenteichwasser sollte 0,3 mg/l nicht überschreiten. Bereits ein Gehalt von 1,6 ist für Teichtiere bedenklich.

> Organische stickstoffhaltige Substanzen im Teich wie Fischkot, Futter- und Pflanzenreste werden durch spezielle Mikroorganismen in verschiedenen Stufen von Ammoniak/Ammonium über Nitrit zu Nitrat abgebaut. Nitrate und Phosphate sind in geringen Dosen für Fische unschädlich, führen aber zu starkem Algenwachstum.

Eine wöchentliche Kontrolle des Nitritgehalts ist dann sinnvoll, wenn ein Verdacht auf erhöhte Werte besteht. Ist die Konzentration zu hoch, sollten Sie zuerst die Sauerstoffversorgung erhöhen. Im Notfall kann ein sofortiger Wasseraustausch (ca. ein Drittel bis zur Hälfte des Gesamtvolumens) erforderlich werden.

Auf dem Markt sind Teichtest-Sets erhältlich, mit denen Sie problemlos die meisten wichtigen Wasserwerte wie Wasserhärte, Nitrat-, Nitrit- und pH-Wert ermitteln können (z. B. von der Firma Tetra der Tetra-Pond-QuickTest, siehe Liefernachweis im Anhang).

Wasserqualität in der Übersicht

Ausschlaggebend für die messbare Wasserqualität sind die Wasserhärte, der Säuregrad (pH-Wert) und der Nitrit/Nitrat-Gehalt (Stickstoffverbindungen). Optimalbedingungen für Fische und andere Wasserlebewesen sind eine Wasserhärte von 5 – 15 °dH Gesamthärte (GH), eine Karbonathärte von 5 – 15 Grad dH, ein pH-Wert von pH 6,8 bis pH 7,5, das Fischgift Nitrit (NO_2-) <1 mg/l und die Nährstoffkonzentration Nitrat (NO_3-) <50 mg/l.

8.7 Checkliste für die Pflege

Ein natürlich angelegter Gartenteich braucht sehr wenig Pflege. Je weniger Voraussetzungen für das biologische Gleichgewicht geschaffen wurden, desto mehr müssen Sie manuell oder mit technischen Hilfsmitteln eingreifen.

> Algenprobleme und trübes Wasser sind im ersten Jahr nach der Neuanlage normal. Sollten nach dieser Zeit noch immer Algen im Überschuss vorkommen, ist etwas nicht in Ordnung. Vielleicht sind zu viele Fische und/oder zu viele Nährstoffe im Teich.

Problem	wahrscheinlicher Grund	Abhilfe
Gartenteich ist grün	Teich wurde neu angelegt – Gleichgewicht konnte sich noch nicht einstellen	abwarten und beobachten – wenn alles richtig gemacht wurde, verändert sich die grüne Erscheinung von selbst
	zu wenig Pflanzen/falsche Bepflanzung	Bepflanzung ändern (siehe Kapitel 6 „Pflanzen selbst auswählen und einsetzen")
	pH-Wert zu hoch	Regenwasser zugeben
	flacher Teich (Wasser kann sich stärker erwärmen) – dadurch gefördertes Algenwachstum	Teichanlage überdenken und evtl. ändern, Wasser umwälzen
	Algenteppiche (durch Fadenalgen)	Algen abfischen/Teichfilter mit UVC
	Laubeinfall und abgestorbene Pflanzenreste	Laub und Pflanzenreste abfischen/absaugen Teichfilter einsetzen
	zu hoher Fischbesatz und übermäßige Fütterung führen zu Nährstoffüberhang im Wasser	keine Fische, weniger Fische, kein Futter
Starker Wasserverlust	Verdunstung evtl. Wasserverlust durch undichten Bachlauf?	beobachten
	Teich undicht	Wasserströmung ohne Umwälzpumpe beobachten und – wenn möglich – Leck orten und dichten. Ansonsten abwarten (siehe Kapitel 4 „Abdichtungsmaterialien – Hinweise und Tipps "). Notfalls Teich leeren und reparieren (Leck flicken).
	Kapillarsperre funktioniert nicht oder keine Kapillarsperre (Dochtwirkung durch ans Wasser angrenzende Bepflanzung, Erde)	Teichrand auf Wasserverlust überprüfen, Kapillarsperre herstellen, indem Sie eine Barriere zwischen Wasser und Gartenbepflanzung schaffen (siehe Kapitel 3.6.1 „Kapillarsperre herstellen")
Geruch/Gestank	Teich ist umgekippt bzw. aus dem Gleichgewicht geraten	Eintrag von Biomasse überprüfen, belüften, beschatten, Bepflanzung überprüfen, Wasserwechsel, Fischbesatz/Bepflanzung überprüfen, Teich ausräumen und neu anlegen
Wasser ist trüb	Teich wurde neu angelegt – Gleichgewicht konnte sich noch nicht einstellen	abwarten
	Schwebestoffe	abwarten, bei Teich mit Fischbesatz Umwälz anlage mit Teichfilter verwenden
	zu hoher Fischbesatz/übermäßige Fütterung	weniger Fische, Fütterung einstellen
	Eintrag von Huminstoffen	Oberboden austauschen und dafür nährstoffarmes Sandgemisch verwenden
	Schwebealgen	Abwarten, wenn Teich mit Fischbesatz, Teichfilter und UVC-Licht
Schaum auf der Wasseroberfläche, Fadenalgen zersetzen sich	grüner Schaum = Algenblüte	überprüfen, ob Sauerstoffgehalt ausreichend. Sauerstoff zu gering: zuführen, ansonsten abwarten. Teichsubstrat austauschen
	Dünger oder Mist im Teichsubstrat (Biogasanlage)	Analysieren, woher der Düngereintrag kommen könnte, und diesen vermeiden
	zu hoher Eiweißgehalt oder zu hoher Phosphatgehalt	Fischbesatz, Menge und Art der Fischfütterung überprüfen
		nach Beseitigung der Ursachen Wasser austauschen

8.8 Die Pflegemaßnahmen im Jahr

Die alljährlich anfallenden Pflegemaßnahmen lassen sich grob auf das Frühjahr und den Herbst aufteilen. Für Umgestaltungsmaßnahmen am Teich ist der Spätsommer am besten geeignet.

8.8.1 Pflege im Frühjahr

Im Frühjahr erwacht der Gartenteich aus dem Winterschlaf. Nun sind die ersten Pflegemaßnahmen nötig. Dies betrifft sowohl den Bereich um den Gartenteich als auch den Teich selbst.

Bevor der Teich gesäubert wird, sollten Schilf und Randpflanzen abgeschnitten werden. Entfernt man die vertrockneten Blätter, erkennt man den grünen Stängel. Die Pflanze hat über den Herbst und Winter die Nährstoffe aus dem Stängel genutzt. Deshalb dürfen diese Pflanzen nicht im Herbst, sondern erst im Frühjahr abgeschnitten werden. Die von außen scheinbar abgestorbenen Pflanzenstängel haben immer noch Leben in sich.

Als Erstes werden alle Pflanzenteile, die sich über Wasser befinden, abgeschnitten. Hier kann eine Heckenschere die Arbeit beschleunigen. Die Stängel der Uferpflanzen werden ca. 10 cm über dem Boden abgeschnitten, damit die neuen Triebe Platz haben.

Im nächsten Schritt werden die trockenen Pflanzenteile im Uferbereich und im Teich abgeschnitten. Dabei können Pflanzenreste ins Wasser fallen. Nach dem Schnitt sollten Sie jedoch alle Pflanzenteile – auch die auf der Wasseroberfläche schwimmenden – mit einem Netz vorsichtig entfernen.

Nun geht es an die abgestorbenen Pflanzenteile, die sich unter der Wasseroberfläche befinden. Auch diese sollten so weit wie möglich entfernt werden. Werden die Pflanzenreste nicht herausgeholt, tragen sie zur Nährstoffanreicherung des Wassers bei und sind damit Dünger für die Algen. All diese Arbeiten müssen erfolgen, bevor die Pflanzen austreiben.

Achten Sie beim Herausnehmen der Pflanzenteile auf kleine Teichtiere und befördern Sie diese gegebenenfalls vorsichtig in den Teich zurück.

8.8.2 Pflege im Herbst

Bevor der Winter einbricht, sollten die Blätter der Seerosen inkl. Stängel entfernt werden. Sie verrotten im Winter, belasten das Wasser und es entstehen giftige Faulgase. Von Bäumen und Sträuchern ins Wasser gefallenes Laub und Früchte müssen so schnell wie möglich entfernt werden. Auch sie belasten das Wasser bereits nach zwei Tagen. Speziell die Blätter von Nussbäumen und alle Arten von Nadelbäumen sind besonders schädlich für den Teich. Um den Laub- und Nadeleinfall zu verhindern, kann ein Netz über den Gartenteich gespannt werden. Dabei darf es nicht im Wasser liegen. Um das zu verhindern, werden zwei oder drei Stangen kreuzweise über den Teich gelegt oder man baut eine andere tragende Konstruktion auf.

Die am und im Teich stehenden Pflanzen werden nicht abgeschnitten. Jetzt wird auch der Eisfreihalter (siehe Kapitel 8.2 „So bringen Sie den Teich gut über den Winter") auf der Wasseroberfläche über der tiefsten Stelle verankert.

8.9 Gleichgewicht im Teich, Teichbiologie

Wird ein Teich frisch angelegt, braucht es einige Zeit, bis sich die Qualität des Wassers so stabilisiert hat, dass kein übermäßiger Algenwuchs mehr vorkommt. Oft funktionieren Teiche deshalb nur ungenügend, weil zu wenig Wasservolumen für die natürlichen Umwälz- und Ausgleichsprozesse vorhanden ist.

> In einem kleinen Teich sollten eher keine Fische gehalten werden. In mittelgroßen Teichen allenfalls kleine Fische wie z. B. Moderlieschen, Stichlinge, Bitterlinge usw. Auch ein gut funktionierendes Teichgewässer wird von den Fischen schnell leergefressen. Die natürlichen Fischarten sind aufgrund ihrer Tarnfarbe kaum zu sehen und dann für den Teichbesitzer kaum wahrnehmbar.

Sind die Randbedingungen des Teichs gut gestaltet, findet die natürliche Teichpflege weitgehend ohne menschliches Zutun statt. Mikroorganismen ernähren sich von Pflanzenresten, Fischkot, Blättern und Gräsern, die im Teich zu Boden sinken. Dazu brauchen sie Sauerstoff und es entsteht Ammoniak. Ammoniak ist für Fische giftig, aber lebensnotwendig für Bakterienstämme, die sich im Teich aufhalten. Die Mikroorganismen siedeln sich von selbst an, ohne dass Sie dafür etwas tun oder Geld ausgeben müssen. Auch die Bakterien brauchen zur Verdauung Sauerstoff. Sie hinterlassen Nitrit, was wiederum von anderen Bakterien mithilfe von Sauerstoff in Nitrat umgewandelt wird. Die Bakterien sind wichtige Helfer für die Teichpflege. Sie sorgen dafür, dass die Fische nicht an Nitrit erkranken und sterben und die Pflanzen, die den lebensnotwendigen Sauerstoff produzieren, optimal gedeihen können.

8.9.1 Wenn der Teich umkippt

Ein verbreitetes Problem aller Teiche ist eine zu hohe Nährstoffversorgung, insbesondere mit Stickstoff und Phosphor. Durch Einschwemmung organischer Materialien aus dem Garten, abgestorbene Pflanzenteile, Fischexkremente und -futter erfolgt bei vielen Teichen ständig eine ungewollte „Überdüngung". Dabei kommt es zu verstärktem Pflanzen(Algen-)wachstum. Sterben diese Pflanzen jahreszeitlich bedingt ab, sinken sie auf den Teichgrund und verrotten dort. Dieser Prozess setzt wieder Nährstoffe frei, verbraucht dabei aber gleichzeitig Sauerstoff. Bei ungünstigen Bedingungen kann es deshalb im Sommer zu Sauerstoffmangel und damit zum „Umkippen" des Gewässers kommen, der Teich stinkt und viele Teichtiere sterben. Bevor es so weit kommt, sollte entweder der übermäßige Nährstoffeintrag gestoppt, das Teichwasser ausgetauscht oder der Teich künstlich belüftet werden.

8.9.2 Sauerstoffversorgung, Teichbelüfter

Die Hauptsauerstoffversorgung im Teich erfolgt durch (Unter-)Wasserpflanzen und Algen. Daher ist es besonders im Frühjahr und im Sommer wichtig, dass das Sonnenlicht tief in den Teich gelangen kann und die dort lebenden Unterwasserpflanzen mit Licht versorgt. Diese wiederum wandeln das CO_2 in den für die meisten Prozesse wichtigen Sauerstoff um.

Bei einem richtig angelegten Naturteich braucht es somit keinerlei zusätzliche Technik für die Sauerstoffversorgung. Bei unverhältnismäßig kleinen Teichen oder Teichen mit hohem Fischbesatz kann es aber zu einer Unterversorgung mit Sauerstoff kommen. Gerade im Sommer, wenn die Wassertemperatur über 30 °C ansteigt, geht die Sauerstoffsättigung im Teich stark zurück. Das lässt eingesetzte Fische an die Oberfläche kommen und nach Luft schnappen. Das Phänomen ist besonders morgens zu beobachten und durch den nächtlichen Sauerstoffverbrauch der Pflanzen zu erklären. Das Phänomen ist im Sommer auch über Mittag zu beobachten. Abhilfe lässt sich mit Bachläufen und/

8.9 Gleichgewicht im Teich, Teichbiologie

oder mehreren kleinen Wasserfällen schaffen, die dem Teich wieder Sauerstoff zuführen.

Neben elektrischen Belüftungspumpen gibt es noch eine ganze Reihe angebotener Mittel und Möglichkeiten (von der Sauerstofftablette bis zum energetisierten Quarzmehl), den erforderlichen Sauerstoff in den Gartenteich zu schaffen. So wird im Handel z. B. ein *Oxidator* angeboten. Zur Funktion dieses Geräts wird stabilisiertes Wasserstoffperoxid (H_2O_2) verwendet, das durch Reaktion mit dem im Gerät eingebauten Katalysator Sauerstoff abscheidet. Der Katalysator baut das H_2O_2 zu Wasser (H_2O) und Sauerstoff (O_2) ab. Der Sauerstoff steht dann dem Gartenteich zur Verfügung.

Solche Geräte sind möglicherweise gut geeignet, um eine vorübergehende Notsituation zu überbrücken, sollten aber nicht als Dauerlösung vorgesehen werden.

8.9.3 UV-Reinigung

In viele Filtersysteme sind eine oder mehrere UV-Lampen zur „Algenreduzierung" integriert. UV-Licht (ultraviolettes Licht, auch von der Sonne) hat eine desinfizierende Wirkung. Die UV-Technik wird gerne in Zierfischteichen zur Algenreduzierung genutzt, die winzig kleinen Algenzellen werden durch die konzentrierte UV-Bestrahlung geschädigt und verklumpen mit anderen Algenzellen. Dadurch vergrößert sich der Umfang der „Algen" und diese können durch das Filtersystem besser ausgefiltert werden.

Das Teichwasser wird dazu durch eine wasserdichte, lichtdurchlässige Vorrichtung mit eingebauter UV-Lampe gepumpt. Zu bedenken ist, dass hierbei nur eine symptomatische Behandlung stattfindet, die einen zusätzlichen Stromverbrauch zur Folge hat. Außerdem werden durch das desinfizierende UV-Licht auch nützliche Mikroorganismen vernichtet.

> Faustregel zur Dimensionierung: 1 Watt pro 1 m³ (1.000 l) Wasservolumen. Wartungsarbeiten an einem UVC-Gerät sollten einmal im Jahr, am besten im zeitigen Frühjahr, erfolgen.

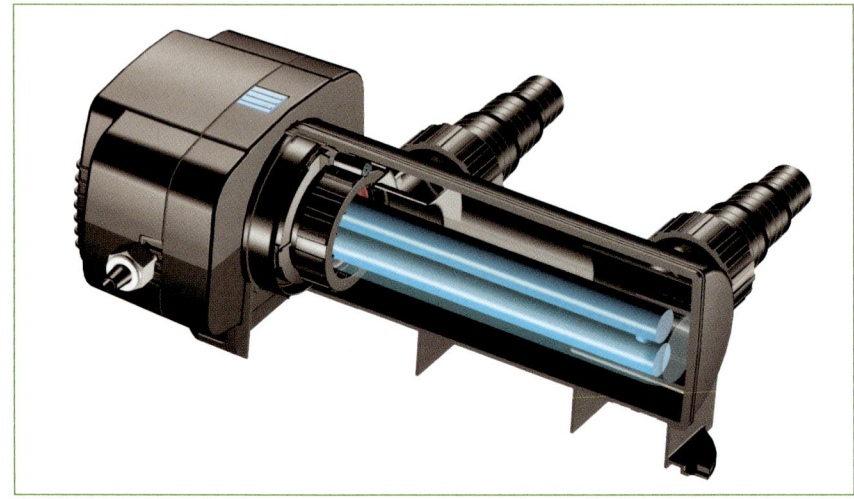

Abb. 8.11 – UVC-Gerät mit Innenansicht der UV-Leuchtstoffröhren. Quelle (1)

9 Wissenswertes

Wollen Sie Ihren Traumteich Realität werden lassen, stellt sich die Frage, welche Firma (z. B. aus dem Garten- und Landschaftsbau) dafür infrage kommt. Schauen Sie sich in Ihrer Umgebung die Gartenteiche an, die Ihren Vorstellungen am ehesten entsprechen. Dann können Sie eventuell die Eigentümer fragen, ob diese von einer Firma gebaut wurden, wie zufrieden sie sind und welche Probleme es beim Aufbau gab.

Haben Sie vor, den Teich komplett oder in Teilbereichen selbst zu bauen, ist es wichtig, die Preise der Lieferanten, Baustoffhandel, Baumärkte und Firmen von Teichbaukomponenten für die erforderlichen Materialien anzufragen. Machen Sie sich dazu am besten eine Liste, in die Sie die Materialien und die Maße und/oder Mengen eintragen.

9.1 Handwerker, Lieferfirmen und Hersteller

9.1.1 Vergabe von Arbeiten

- Bei einer Beauftragung vereinbaren Sie eindeutige Termine für Arbeitsbeginn und Fertigstellung von Teilarbeiten und der kompletten Maßnahme.
- Vereinbaren Sie Leistungsumfang und Preise in einem Auftragsschreiben.
- Alle Vereinbarungen sollten unbedingt in Schriftform gemacht werden. Lassen Sie das Auftragsschreiben vom Auftragnehmer gegenzeichnen.
- Vereinbaren Sie den Fertigstellungsstandard (z. B.: „Naturteich entsprechend beiliegender Detailbeschreibung mit Dichtungsart, Abstufungen, Zoneneinteilungen, Teichtiefe und Bepflanzung.").
- Wichtiger sind Gewährleistungsfristen über mindestens 5, besser 10 Jahre – vor allem bei der Teichfolie.
- Vereinbaren Sie die Zahlungsweise, möglicherweise auch Zahlungsmodalitäten wie Skonto, Nachlässe oder die Höhe der Abschlagszahlungen.
- Der Endbetrag sollte einschließlich der derzeit gültigen Mehrwertsteuer ausgewiesen sein.
- Klären Sie, ob die ausführende Firma während der Bauzeit Vesperräume, Lagerflächen und eine Toilette benötigt.

9.1.2 Bauleitung und Abnahme

- Überprüfen Sie, ob im Zusammenhang mit der Baumaßnahme rechtliche Genehmigungen erforderlich sind (je nach Umfang der Geländeveränderung). Wenn Sie unsicher sind, fragen Sie einen Fachmann (z. B. einen Landschaftsarchitekten) um Hilfe. Informieren Sie sich und lassen Sie sich beraten.

- Achten Sie auf die gegenseitige Verträglichkeit der verwendeten Materialien. Es gibt z. B. Probleme, wenn Teerprodukte und Teichfolien zusammen verwendet werden.
- Dokumentieren Sie den Arbeitsablauf mit Fotos und einem Bautagebuch – vor allem bei Stellen, die nach der Fertigstellung nicht mehr sichtbar sind.
- Machen Sie Teilabnahmen (z. B. beim Untergrund unter der Teichfolie), solange diese noch nachzuvollziehen sind, und schreiben Sie die festgestellten Punkte in einem Protokoll auf, das von allen Beteiligten unterzeichnet werden muss. Wenn Sie die fachliche Ausführung nicht beurteilen können, holen Sie sich Hilfe (z. B. von einem Landschaftsarchitekten).
- Testen Sie die Dichtigkeit und überprüfen Sie, ob das Teichprofil und die Ufergestaltung Ihren Wünschen entsprechen.
- Überprüfen Sie, ob die Technik funktioniert. Sind Einlauf, Überlauf, Ablauf fachlich in Ordnung? Überprüfen Sie bei Wasserzulauf.
- Behalten Sie von der letzten Rechnung (Schlussrechnung) genügend Geld zurück, bis die Endabnahme durchgeführt wurde.
- Führen Sie die Endabnahme mit einem Protokoll durch, in dem Datum, teilnehmende Personen, alle Punkte und die Zusagen zur Behebung eines festgestellten Mangels einschließlich des Zeitpunkts der Behebung eingetragen werden. Lassen Sie alle Anwesenden das Protokoll unterschreiben.

9.2 So testen Sie die Qualität

Die Herstellung von Bauprodukten und die Anwendung von Bauarten sollen auf der Grundlage technischer Regeln (z. B. DIN-Normen) oder anderer Verwendbarkeits- bzw. Anwendbarkeitsnachweise erfolgen. Als äußeres Merkmal einer ordnungsgemäßen Herstellung gilt das europäische CE- oder das RAL-Zeichen, mit dem jeweils bestätigt wird, dass Übereinstimmungen mit den technischen Regeln bestehen.

Haben Sie eine Firma für den Bau Ihres Teichs beauftragt, können Sie die Ausführung anhand der im Buch aufgeführten Qualitätsmerkmale prüfen. Einer der wichtigsten Aspekte ist natürlich die Dichtigkeit Ihres Gartenteichs.

Speziell bei Abdichtungsmaterialien sollten Sie, über die Normen hinausgehend, auf gute Qualität achten.

9.2.1 Qualität der Teichdichtung

Materialstärke, Folienstärke
Je dicker das Abdichtungsmaterial angeboten wird, desto höher auch sein Preis. Die Foliendicke wird oft damit begründet, dass bei dünneren Folien Pflanzenwurzeln die Folie durchdringen würden. Das Problem ist aber eher, dass sich dünnere Folien bei Ausdehnungen durch Sackungen oder andrückenden Wurzeln ausdehnen und dann schneller reißen. Bei dickeren Materialien ist der mögliche Ausdehnungsfaktor wesentlich größer und damit das Material dauerhafter. Der beste Vergleich sind aufgeblasene Luftballons in unterschiedlicher Materialqualität. Geprägte Folien machen oft einen stabileren Eindruck, von dem Sie sich aber nicht täuschen lassen sollten. Das eingeprägte Muster bringt bei der Teichfolie keine Vorteile.

Im Buch werden bei den entsprechenden Verwendungen passende Folienstärken empfohlen. Diese Stärken sollten eingehalten werden, um nachträglichem Ärger zu entgehen.

Temperaturangabe
Nach der DIN-Norm reicht es aus, wenn Teichfolien eine Temperaturbeständigkeit bis -20 °C haben, was bedeutet, dass die Folie bei einer Temperatur bis -20 °C beim Einknicken nicht brechen darf. Durch Alterungsprozesse reduziert sich dieser Wert im Lauf der Zeit, selbst wenn er beim Verkauf gewährleistet wurde. Eine der wichtigsten Eigenschaften ist daher die Kältebeständigkeit einer Folie. Achten Sie deshalb auf einen möglichst umfangreich garantierten Temperaturbereich bzw. auf eine garantierte Belastbarkeit des Abdichtungsmaterials.

Inhaltsstoffe
Leider gibt es noch immer Folien, die mit Giften wie Cadmium stabilisiert werden. Cadmium schädigt extrem die Umwelt und über den Umweg von Gemüse unsere Nieren. PVC-Wannen und -Folien sind in der Herstellung und im Verkauf preiswerter, aber in der Entsorgung problematisch.

Preise der Dichtungsmaterialien
Abhängig von Qualität und Beständigkeit der Grundmaterialien kosten Folien zwischen wenigen Euro bis zu 20 Euro pro Quadratmeter (m²). Zu beachten ist beim Kauf die Garantieleistung. PE-Folien sind zwar in der Anschaffung preiswert, lassen sich aber schlecht verlegen und kaum reparieren. PVC-Material hingegen kann schlecht entsorgt werden, weil es nicht verrottet. Wenn Sie Ihren Teich aber dauerhaft bauen, kann dieser Aspekt auch von Vorteil sein.

> In und um den Teich dürfen keine kontaminierten (mit Schadstoffen belastete) Materialien verwendet werden.

9.2 So testen Sie die Qualität

EPDM ist ein gummiartiges Material, das Materialdehnungen gut mitmacht und auch gut zu reparieren ist. Schwachstelle ist hier, dass ölhaltige Stoffe das Material angreifen können. Bei älteren Teichen kann davon ausgegangen werden, dass Kohlenwasserstoffe im Bodenschlamm entstehen, wodurch der synthetische Kautschuk angegriffen werden könnte.

UV-Stabilität

Die Ankündigung von absoluter UV-Stabilität – gerade bei Billigprodukten – hält leider oft nicht das, was sie verspricht. Die Labortests werden so durchgeführt, dass die Belastung einigen Tausend Sonnenstunden entspricht, nicht aber einem Teichleben von 20 oder mehr Jahren. Auch ist der Begriff „Teichfolie" gesetzlich nicht geschützt und damit nicht an Richtlinien geknüpft. Objektiv lässt sich das Folienmaterial nur im Labor mit aufwendigen Messmethoden auf Qualität prüfen.

Sie als Verbraucher können daher·nur Referenzen einholen und nachfragen, wie alt der Teich und in welchem Zustand die Teichdichtung nach vielen Jahren ist.

Qualität des Vlies

Vliese haben die Aufgabe, gefährliche Kanten und Spitzen von der Folie abzuhalten. Eine auftretende Punktlast (z. B. eine Wurzel oder ein Stein) mit hohem Druck soll durch das Vlies auf eine größere Fläche verteilt werden.

Vliese werden in *g/m²* angeboten. Je schwerer das Gewebe ist, desto stabiler ist es auch. Als Unterlage für Teichfolien werden Vliese ab ca. 300 g/m² empfohlen. Grundsätzlich gilt: Je dicker desto besser. Wenn das Vlies aber zu dick ist, stimmt das Preis-Leistungs-Verhältnis nicht mehr und Sie werden sich bei der Verarbeitung schwer tun. Die Verwebung der Fasern soll so kompakt sein, dass spitze Gegenstände das Vlies nicht durchdringen können.

Test: Nehmen Sie einen spitzen Bleistift oder einen Kugelschreiber und versuchen Sie das Vlies zu durchstechen. Gelingt es Ihnen auf Anhieb, ist das Material nicht geeignet.

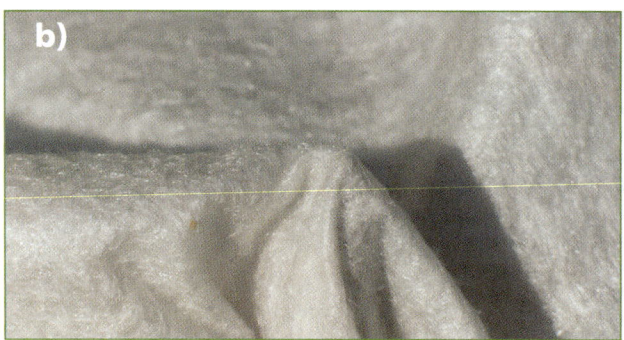

Abb. 9.1 – Qualitätsvergleich beim Vlies mit gleicher g/m²-Angabe. Bild **a)** mit dem Testgerät Kugelschreiber, **b)** das Vlies hält, **c)** das Vlies hält nicht, die Fasern sind nicht gut verwebt.

10 Anhang

10.1 Quellenverzeichnis

Mit freundlicher Genehmigung der angegebenen Firmen und Institutionen wurden die mit Quelle (x) versehenen Abbildungen zur Veröffentlichung in diesem Buch freigegeben und von den Firmen zur Verfügung gestellt.

Quelle Nr.	Firma
(1)	Oase GmbH
(2)	Conrad Electronic
(3)	Gardena Central Service

10.2 Adressen, Produkt und Liefernachweise

Die folgenden Verbände, Hersteller und Anbieter können Sie per E-Mail anschreiben, um weitere Informationen, Prospekte, Kataloge, Broschüren, Datenblätter und Preise anzufordern.

Conrad Electronic
elektrische und elektronische Geräte, z. B. Solarbeleuchtung, Solarpumpe
Hotline:0180 53121
www.conrad.de

Gardena Central Service
alles um Teich und Garten
0731 490-246
www.gardena.de/Teichberater
www.gardena.com
info@gardena.com

Heißner GmbH
alles um Teich und Garten
06641 86-0
www.heissner.de
info@heissner.de

Oase GmbH
Teichprodukte
05454 80-0
www.oase-livingwater.com
info@oase-livingwater.com

Re-Natur
Teich und Garten
Baumhauer@re-natur.de
Saatkontor
Samen z. B. auch von Teichpflanzen
sattkontor@t-online.de
Tetra GmbH
Teichprodukte Teich-Test Sets
05422 105 -0
www.tetra.net

Stichwortverzeichnis